DCG 6

FINANCE D'ENTREPRISE

AF855823

CORRIGÉS

Université d'Orléans
Service Commun de la Documentation
Sorti de l'Inventaire

Florence Delahaye-Duprat
Agrégée d'économie et gestion, diplômée d'expertise comptable
Enseignante à l'IUT de Nantes

Jacqueline Delahaye
Agrégée de techniques économiques de gestion

Nathalie Le Gallo
Agrégée d'économie et gestion option finance
Professeur en DCG et DSCG

B.U. ORLÉANS
Droit Econ. Gestion
INV. D19-3067
Cote Mag
Loc Cote Salle DCG 6 DEL

DUNOD
leader de l'expertise comptable

Le pictogramme qui figure ci-contre mérite une explication. Son objet est d'alerter le lecteur sur la menace que représente pour l'avenir de l'écrit, particulièrement dans le domaine de l'édition technique et universitaire, le développement massif du photocopillage.
Le Code de la propriété intellectuelle du 1er juillet 1992 interdit en effet expressément la photocopie à usage collectif sans autorisation des ayants droit. Or, cette pratique s'est généralisée dans les établissements d'enseignement supérieur, provoquant une baisse brutale des achats de livres et de revues, au point que la possibilité même pour les auteurs de créer des œuvres nouvelles et de les faire éditer correctement est aujourd'hui menacée.
Nous rappelons donc que toute reproduction, partielle ou totale, de la présente publication est interdite sans autorisation de l'auteur, de son éditeur ou du Centre français d'exploitation du droit de copie (CFC, 20, rue des Grands-Augustins, 75006 Paris).

DANGER
LE PHOTOCOPILLAGE TUE LE LIVRE

© Dunod, 2019
11 rue Paul Bert, 92240 Malakoff
www.dunod.com
ISBN 978-2-10-079387-7

Le Code de la propriété intellectuelle n'autorisant, aux termes de l'article L. 122-5, 2° et 3° a), d'une part, que les « copies ou reproductions strictement réservées à l'usage privé du copiste et non destinées à une utilisation collective » et, d'autre part, que les analyses et les courtes citations dans un but d'exemple et d'illustration, « toute représentation ou reproduction intégrale ou partielle faite sans le consentement de l'auteur ou de ses ayants droit ou ayants cause est illicite » (art. L. 122-4).
Cette représentation ou reproduction, par quelque procédé que ce soit, constituerait donc une contrefaçon sanctionnée par les articles L. 335-2 et suivants du Code de la propriété intellectuelle.

SOMMAIRE

PARTIE 1 Le diagnostic financier des comptes sociaux

Chapitre 1 L'analyse de l'activité 1

Chapitre 2 L'analyse fonctionnelle du bilan 12

Chapitre 3 L'analyse par les ratios 20

Chapitre 4 L'analyse de la rentabilité 32

Chapitre 5 Le tableau de financement 40

Chapitre 6 Les tableaux de flux de trésorerie 52

PARTIE 2 La politique d'investissement

Chapitre 7 La valeur et le temps 76

Chapitre 8 La gestion du besoin en fonds de roulement d'exploitation 80

Chapitre 9 Les projets d'investissement 88

PARTIE 3 La politique de financement

Chapitre 10 Les modes de financement : fonds propres 100

Chapitre 11 Les modes de financement : endettement et crédit-bail 105

Chapitre 12 Les marchés financiers 117

Chapitre 13 Les contraintes de financement 123

Chapitre 14 La structure de financement 133

Chapitre 15 Le plan de financement 137

PARTIE 4 La trésorerie

Chapitre 16 La gestion de trésorerie 160

Chapitre 17 Les financements à court terme 167

Chapitre 18 Le placement des excédents de trésorerie sur les marchés financiers 173

CHAPITRE 1 L'analyse de l'activité

Évaluer les savoirs

1 Quiz

1. Faux. La marge commerciale est la différence entre les ventes de marchandises et le coût d'achat des marchandises revendues (Achats de marchandises + Variation des stocks de marchandises). La variation des stocks de marchandises peut être positive (revente des achats + un complément déstocké) ou négative (revente d'une partie seulement des achats donc stockage).

2. Faux. La valeur ajoutée est égale à la marge commerciale plus la production de l'exercice moins les consommations en provenance des tiers.

3. Vrai. Les dotations aux amortissements, les éléments financiers et les éléments exceptionnels sont exclus du calcul de l'EBE. L'EBE est avant tout un indicateur de la performance industrielle et commerciale de l'entreprise, calculé après charges de personnel et impôts-taxes (sauf impôt sur les sociétés).

4. Faux. L'EBE est une trésorerie potentielle découlant des opérations d'exploitation au sens strict (autres produits et autres charges d'exploitation non retenus, éléments financiers non retenus, etc.). La trésorerie potentielle découlant de l'activité courante est la CAF.

5. Faux. La CAF est la trésorerie potentielle dégagée par l'activité courante de l'entreprise. Elle se calcule en faisant la différence entre les produits encaissables (encaissés un jour ou l'autre) sauf les PCEA et les charges décaissables (décaissées un jour ou l'autre).

6. Faux. La CAF tient compte des intérêts sur emprunt (compte 66) mais pas du capital remboursé (la diminution du compte 16. Emprunts n'affecte que le passif du bilan).

7. Faux. Cela signifie au contraire que l'entreprise n'a pas consommé toutes les matières premières achetées au cours de l'exercice (charges = appauvrissement). Elle a donc stocké des matières premières pour 25 000 €.

8. Vrai. Si SF < SI alors SF – SI < 0, soit une production stockée négative dans les produits d'exploitation.

9. Faux. Le déstockage entraîne une production stockée négative mais également un supplément de chiffre d'affaires (grâce à la vente de ce stock). La production stockée s'exprimant en coût de production et le chiffre d'affaires en prix de vente, l'entreprise s'enrichit au final de la marge réalisée sur la vente du stock.

2 Crédit-bail & Co

Justifiez et présentez le retraitement des redevances de crédit-bail ci-dessous.

Le retraitement du crédit-bail permet de comparer des entreprises ayant fait des choix de gestion différents : acquisition d'une immobilisation en pleine propriété ou recours au crédit-bail.

Le retraitement consiste à supposer que l'entreprise a acquis le bien en recourant à l'emprunt.

Les redevances de crédit-bail sont exclues des consommations en provenance des tiers.

Les redevances sont ventilées de la façon suivante :

- Dotations aux amortissements : 200 000 / 5 = 40 000 € (charges d'exploitation)
- Charges d'intérêts (pour le reste) : 48 000 – 40 000 = 8 000 € (charges financières)

Maîtriser les compétences

❸ Mini-cas Javax : SIG

Compétences attendues

- **Interpréter** les documents de synthèse
- **Analyser** le compte de résultat
- **Déterminer** les différents soldes intermédiaires de gestion

1. Précisez la nature de l'activité exercée par cette entreprise.

L'entreprise exerce une double activité :

- une activité commerciale (achat de marchandises / ventes de marchandises) ;
- et une activité industrielle (achat de matières premières et autres approvisionnements / production vendue).

2. Indiquez de quelle manière les stocks ont évolué au cours de l'exercice N.

La production stockée est positive donc l'entreprise a stocké des produits (finis, intermédiaires et/ou en-cours de fabrication) au cours de l'exercice N (SF – SI = 6 600 donc SF = SI + 6 600).

Les stocks de marchandises ont augmenté au cours de l'exercice N car tous les achats de marchandises n'ont pas été revendus (SI – SF = – 240 donc SF = SI + 240).

Les stocks de matières premières (et autres approvisionnements) ont diminué car l'entreprise a consommé tous les achats de matières premières plus 1 200 (SI – SF = 1 200 donc SF = SI – 1 200).

3. Présentez, dans un tableau, les soldes intermédiaires de gestion (SIG).

	SIG du PCG	Exercice N
	Ventes de marchandises	11 820
–	Coût d'achat des marchandises vendues = 6 840 – 240	– 6 600
= Marge commerciale		5 220
	Production vendue	96 120
+	Production stockée	6 600
+	Production immobilisée	1 200
= Production de l'exercice		103 920
	Marge commerciale + Production de l'exercice	109 140
–	Consommations en provenance des tiers = 39 360 + 1 200 + 14 400	– 54 960
= Valeur ajoutée (VA)		54 180
+	Subvention d'exploitation	2 400
–	Impôts, taxes et versements assimilés	– 6 000
–	Charges de personnel = 18 000 + 6 000	– 24 000

	SIG du PCG	Exercice N
= Excédent brut d'exploitation (EBE)		26 580
+	Reprises et transferts de charges (d'exploitation)	11 100
+	Autres produits (d'exploitation)	1 440
–	Dotations (d'exploitation)	– 13 500
–	Autres charges (d'exploitation)	– 720
= Résultat d'exploitation		24 900
±	Quotes-parts de résultat sur opérations faites en commun	0
+	Produits financiers	3 680
–	Charges financières	– 4 160
= Résultat courant avant impôts		24 420
+	Résultat exceptionnel = 15 600 – 11 640	3 960
–	Participation des salariés	– 1 200
–	Impôt sur les bénéfices	– 4 500
= Résultat de l'exercice		22 680

❹ Mini-cas Javax : SIG retraités

Compétences attendues

- **Analyser** le compte de résultat
- **Déterminer** les différents soldes intermédiaires de gestion
- **Justifier** les retraitements du tableau des soldes intermédiaires de gestion

1. Justifiez le retraitement des frais de personnel extérieur.

Le retraitement des frais de personnel extérieur permet de comparer des entreprises ayant fait des choix de gestion différents : embauche de nouveaux salariés ou recours du personnel extérieur (intérimaires notamment).

Le retraitement consiste à retirer ces frais des autres achats et charges externes et à les ajouter aux charges de personnel.

2. À partir des SIG du PCG de la société Javax et des informations ci-avant, calculez les SIG retraités pour l'exercice N (la participation des salariés aux résultats sera également retraitée).

Fractionnement de la redevance de crédit-bail de 80 :

- Dotation aux amortissements CB : 300 / 5 = 60
- Charges d'intérêts : 80 – 60 = 20

SIG retraitées	Exercice N
Marge commerciale	5 220
Production de l'exercice	103 920

	SIG retraitées	Exercice N
	Marge commerciale + Production de l'exercice	109 140
–	Consommations en provenance des tiers [1]	**– 54 810**
=	Valeur ajoutée (VA)	**54 330**
+	Subvention d'exploitation	2 400
–	Impôts, taxes et versements assimilés	– 6 000
–	Charges de personnel [2]	**– 25 270**
=	Excédent brut d'exploitation (EBE)	**25 460**
+	Reprises et transferts de charges (d'exploitation)	11 100
+	Autres produits (d'exploitation)	1 440
–	Dotations (d'exploitation) [3]	**– 13 560**
–	Autres charges (d'exploitation)	– 720
=	Résultat d'exploitation	**23 720**
±	Quotes-parts de résultat sur opérations faites en commun	0
+	Produits financiers	3 680
–	Charges financières [4]	**– 4 180**
=	Résultat courant avant impôts	**23 220**
+	Résultat exceptionnel = 15 600 – 11 640	3 960
–	Participation des salariés	**0**
–	Impôt sur les bénéfices	– 4 500
=	Résultat de l'exercice	22 680

[1] On supprime le personnel extérieur et les redevances de crédit-bail des consommations en provenance des tiers : 54 960 – 70 – 80 = 54 810

[2] On reclasse le personnel extérieur et la participation des salariés en charges de personnel : 24 000 + 70 + 1 200 = 25 270

[3] On ajoute la dotation aux amortissement CB : 13 500 + 60 = 13 560

[4] On ajoute les charges financières CB : 4 160 + 20 = 4 180

Les retraitements ne modifient jamais le résultat de l'exercice. N'oubliez pas de vérifier son montant.

❺ Mini-cas Javax : capacité d'autofinancement

Compétences attendues

- **Expliciter** le caractère multidimensionnel du diagnostic d'entreprise
- **Identifier** les limites de l'information comptable
- **Analyser** le compte de résultat
- **Déterminer** la CAF selon les méthodes additive et soustractive

Décryptage des compétences

Il s'agit pour le candidat d'appréhender et d'adapter le diagnostic financier à partir d'un contexte professionnel. Pour ce faire, il doit :

- maîtriser les différentes facettes du diagnostic d'entreprise ;
- au préalable, connaître la logique de construction et l'articulation des différents états financiers (bilan, compte de résultat et tableaux de l'annexe) et en saisir la complémentarité pour conduire le diagnostic.

1. À partir du compte de résultat de la société Javax, calculez la capacité d'autofinancement de deux façons différentes.

- Première méthode

	Résultat de l'exercice	22 680
+	Dotations (11 900 + 1 600 + 480 + 3 000)	16 980
+	Valeur comptable des éléments d'actifs cédés	6 000
–	Reprises (11 100 + 2 640 + 720)	– 14 460
–	Produits des cessions d'éléments d'actif	– 14 400
–	QP de SI virée au résultat	0
=	CAF	16 800

- Deuxième méthode

	EBE	26 580
+	Autres produits (d'exploitation)	1 440
+	Autres intérêts	840
+	Produits nets sur cessions de VMP	200
+	Produits exceptionnels sur opérations de gestion	480
–	Autres charges (d'exploitation)	– 720
–	Charges d'intérêts	– 3 180
–	Charges nettes sur cessions de VMP	– 500
–	Charges exceptionnelles sur opérations de gestion	– 2 640
–	Participation des salariés	– 1 200
–	Impôts sur les bénéfices	– 4 500
=	CAF	16 800

2. Quelles sont les informations manquantes pour réaliser un commentaire pertinent ?

Pour effectuer un commentaire pertinent, il conviendrait :

- d'analyser l'évolution de la CAF dans le temps (sur 3 ou 4 ans idéalement). Les données comptables des exercices précédents ne sont pas communiquées.
- de connaître la CAF des principaux concurrents de l'entreprise (comparaison dans l'espace).

Préparer l'épreuve

❻ Cas pratique : Société Sigcaf

Compétences attendues

- **Analyser** le compte de résultat
- **Déterminer** les différents SIG
- **Déterminer** la CAF selon les méthodes additive et soustractive

Décryptage des compétences

Le candidat doit être capable de comprendre l'utilité du calcul des différents SIG pour l'analyse de la création de valeur et de l'activité. En fonction d'une situation professionnelle :

- il est amené à choisir des retraitements en justifiant leur pertinence ;
- il conduit une analyse en fonction des informations disponibles dans l'espace (référence au secteur d'activité) et dans le temps ;
- il est capable de distinguer la création de valeur de l'entreprise selon son activité (notion de résultat) et sa capacité à la transformer en flux de trésorerie potentielle (ressource).

Dans un contexte professionnel, il s'agit pour le candidat d'analyser la situation et de juger de la capacité de l'entreprise à dégager des ressources par son activité.

1. Établissez les soldes intermédiaires de gestion du PCG.

	SIG du PCG	Exercice N
	Ventes de marchandises	235 227
–	Coût d'achat des marchandises vendues = 206 933 – 17 281	– 189 652
= Marge commerciale		45 575
	Production vendue	3 888 547
+	Production stockée	71 935
+	Production immobilisée	47 364
= Production de l'exercice		4 007 846
	Marge commerciale + Production de l'exercice	4 053 421
–	Consommations en provenance des tiers = 1 506 316 – 11 271 + 925 800	– 2 420 845
= Valeur ajoutée (VA)		1 632 576
+	Subvention d'exploitation	–
–	Impôts, taxes et versements assimilés	– 94 978
–	Charges de personnel = 866 212 + 359 716	– 1 225 928
= Excédent brut d'exploitation (EBE)		311 670
+	Reprises et transferts de charges (d'exploitation)	18 253
+	Autres produits (d'exploitation)	5 146
–	Dotations (d'exploitation) = 187 835 + 705	– 188 540
–	Autres charges (d'exploitation)	– 2 902

SIG du PCG		Exercice N
= Résultat d'exploitation		143 627
±	Quotes-parts de résultat sur opérations faites en commun	0
+	Produits financiers	38 114
–	Charges financières	– 90 751
= Résultat courant avant impôts		90 990
+	Résultat exceptionnel = 58 357 – 40 939	17 418
–	Participation des salariés	–
–	Impôt sur les bénéfices	– 41 992
= Résultat de l'exercice		66 416

2. Calculez la CAF du PCG de deux façons différentes.

• Première méthode

	Résultat de l'exercice	66 416
+	Dotations (11 900 + 1 600 + 480 + 3 000)	225 607
+	Valeur comptable des éléments d'actifs cédés	12 088
–	Reprises (47 503 – 2 300) [1]	– 45 203
–	Produits des cessions d'éléments d'actif	– 32 832
–	QP de SI virée au résultat	0
=	CAF	226 076

[1] Le transfert de charges exceptionnelles correspond à un produit encaissable (remboursement d'une compagnie d'assurances à la suite d'un sinistre). Seules les reprises constituent un produit calculé.

• Deuxième méthode

	EBE	311 670
+	Autres produits (d'exploitation)	5 146
–	Autres charges (d'exploitation)	– 2 902
+	Produits financiers (38 114 – 4 458)	33 656
–	Charges financières (90 751 – 18 937)	– 71 814
+	Produits exceptionnels (733 + 2 300)	3 033
+	Produits exceptionnels sur opérations de gestion	480
–	Charges exceptionnelles	– 10 721
–	Impôts sur les bénéfices	– 41 992
=	CAF	226 076

3. Calculez la CAF retraitée.

	Résultat de l'exercice	66 416
+	Dotations (225 607 + 49 000)	**274 607**
+	Valeur comptable des éléments d'actifs cédés	12 088
–	Reprises	– 45 203
–	Produits des cessions d'éléments d'actif	– 32 832
–	QP de SI virée au résultat	0
=	CAF retraitée	275 076

On vérifie bien que CAF retraitée = CAF (PCG) + Dotations CB : 226 076 + 49 000 = 275 076.

7 Cas pratique : Société Bab

Compétences attendues

- **Analyser le compte de résultat**
- **Déterminer** les différents SIG
- **Commenter** et **interpréter** les différents SIG
- **Déterminer** la CAF selon les méthodes additive et soustractive
- **Commenter** et **interpréter** la CAF

1. Calculez les SIG du PCG.

La société cumule une activité commerciale et une activité industrielle (ou de services) ; par conséquent, on aura à calculer simultanément une « marge commerciale » et une « production de l'exercice ».

	SIG du PCG	Exercice N
	Ventes de marchandises	2 840
–	Coût d'achat des marchandises vendues = 1 100 – 100	– 1 000
=	Marge commerciale	1 840
	Production vendue	2 160
+	Production stockée	48
=	Production de l'exercice	2 208
	Marge commerciale + Production de l'exercice	4 048
–	Consommations en provenance des tiers = 200 – 40 + 250	– 410
=	Valeur ajoutée (VA)	3 638
+	Subvention d'exploitation	10
–	Impôts, taxes et versements assimilés	– 58
–	Charges de personnel	– 2 500
=	Excédent brut d'exploitation (EBE)	1 090
+	Reprises	200
–	Dotations	– 732

	SIG du PCG	Exercice N
= Résultat d'exploitation		558
+	Résultat financier = 22 – 320	– 298
= Résultat courant avant impôts		260
+	Résultat exceptionnel = 20 + 50 – 70	0
–	Participation des salariés	– 15
–	Impôt sur les bénéfices	– 80
= Résultat de l'exercice		165

2. Calculez les SIG en retraitant les redevances de crédit-bail, les frais de personnel extérieur et la participation.

- Crédit-bail
  - Dotations aux amortissements : 400/5 = 80
  - Intérêts : 120 – 80 = 40
  - Charges financières retraitées : 320 + 40 = 360
  - Dotations retraitées : 732 + 80 = 812
- Consommations en provenance des tiers : 410 – 120 – 50 = 240
- Charges de personnel retraitées : 2 500 + 50 + 15 = 2 565

	SIG retraités	Exercice N
	Ventes de marchandises	2 840
–	Coût d'achat des marchandises vendues = 1 100 – 100	– 1 000
= Marge commerciale		1 840
	Production vendue	2 160
+	Production stockée	48
= Production de l'exercice		2 208
	Marge commerciale + Production de l'exercice	4 048
–	Consommations en provenance des tiers	**– 240**
= Valeur ajoutée (VA)		**3 808**
+	Subvention d'exploitation	10
–	Impôts, taxes et versements assimilés	– 58
–	Charges de personnel	**– 2 565**
= Excédent brut d'exploitation (EBE)		1 195
+	Reprises	200
–	Dotations	**– 812**
= Résultat d'exploitation		**583**
+	Produits financiers	22
–	Charges financières	**– 360**
= Résultat courant avant impôts		**245**
+	Résultat exceptionnel	0
–	Impôt sur les bénéfices	– 80
= Résultat de l'exercice		165

3. Calculez la CAF du PCG de deux façons différentes puis la CAF retraitée.

- CAF (PCG)
  - À partir du résultat : 165 + 732 – 200 + 50 – 70 = 677
  - À partir de l'EBE : 1 090 – 320 + 22 – 20 – 15 – 80 = 677
- CAF retraitée

Le retraitement de la redevance de crédit-bail a pour conséquence d'augmenter le montant des dotations et modifie la CAF.

CAF retraitée = CAF (PCG) + Dotations crédit-bail = 677 + 80 = 757

4. Indiquez la différence entre l'EBE et la CAF.

L'EBE constitue la trésorerie potentielle dégagée par les opérations d'exploitation au sens strict.

La CAF représente la trésorerie potentielle dégagée par l'activité courante de l'entreprise.

La CAF est donc une notion plus large que l'EBE car elle intègre des éléments financiers, exceptionnels (sauf cession d'immobilisations), la participation des salariés et l'IS.

8 Cas pratique : Société BBX

Compétences attendues

- **Identifier** les destinataires du diagnostic financier d'entreprise
- **Discuter** de l'intérêt et des limites de l'information sectorielle
- **Analyser** le compte de résultat
- **Déterminer** les différents SIG

1. Listez les SIG directement affectés par les retraitements (y compris la participation).

- La valeur ajoutée : Il faut rajouter la redevance de crédit-bail et le personnel extérieur qui seront déduits plus loin.
- L'EBE : Il faut rajouter la redevance et déduire la participation (qui est regroupée avec les charges de personnel).
- Le résultat d'exploitation : Il faut rajouter les intérêts de crédit-bail qui ne seront enlevés qu'après et retirer la participation.
- Le résultat courant avant impôt : Il faut déduire la participation.

2. Calculez les SIG retraités à partir des SIG du PCG.

Dotation crédit-bail : 15 000 / 5 = 3 000

Soldes	Corrections	Montants
Marge commerciale	Inchangé	12 840
Production de l'exercice	Inchangé	28 500
Valeur ajoutée	18 710 + 4 400 + 610	23 720
EBE	9 220 + 4 400 – 90	13 530
Résultat d'exploitation	4 980 + 4 400 – 3 000 – 90	6 290

Soldes	Corrections	Montants
Résultat courant	3 550 – 90	3 460
Résultat net	Inchangé	2 410

3. Le dirigeant est-il la seule personne à se servir du diagnostic financier comme outil d'aide à la décision ?

Le diagnostic financier permet d'apprécier la santé financière d'une entreprise et d'identifier ses forces et ses faiblesses. Il s'agit d'un outil d'aide à la décision pour le dirigeant mais également pour d'autres partenaires :

- les investisseurs (les actionnaires s'intéressent à la rentabilité de l'entreprise et les banques analysent la capacité d'endettement et de remboursement des dettes financières) ;
- les fournisseurs (vérification de la solvabilité de l'entreprise cliente, en particulier si les relations commerciales sont nouvelles ou si la commande est importante).

4. Présentez l'intérêt et les limites de l'information sectorielle.

L'information sectorielle rend possible les comparaisons dans l'espace. Les données sectorielles sont utiles pour le dirigeant (diagnostic financier plus fin) mais aussi pour les investisseurs (actionnaires et banques).

L'information sectorielle présente toutefois des limites car elle se base sur des moyennes et par conséquent n'intègre pas les spécificités des entreprises (taille, activité, localisation, etc.).

Il faut donc parfois nuancer les conclusions et ne pas hésiter à s'appuyer sur d'autres statistiques (tendances régionales, etc.).

CHAPITRE 2 L'analyse fonctionnelle du bilan

Évaluer les savoirs

1 Quiz

1. Faux. Pour établir le bilan fonctionnel, les postes de l'actif doivent être considérés pour leur montant brut. Les amortissements et dépréciations de l'actif constituent des ressources durables.

2. Vrai. Les postes du bilan fonctionnel sont évalués en fonction de leur valeur d'origine. Le montant d'origine des créances et des dettes en devises doit par conséquent être reconstitué en éliminant les écarts de conversion actif ou passif. Les écarts de conversion permettent d'enregistrer les pertes ou gains de change potentiels à la clôture de l'exercice.

3. Faux. Le FRNG ne se retrouve pas automatiquement en trésorerie. L'excédent de ressources stables doit d'abord financer les stocks et décalages de paiement (BFR).

4. Vrai. Le BFR est la partie des emplois cycliques non financés par des ressources cycliques. Le FRNG reflète quant à lui les cycles d'investissement et de financement (horizon de long terme).

5. Faux. Dans certaines entreprises (secteur de la grande distribution notamment), le BFR est négatif. Il s'agit alors d'un dégagement en fonds de roulement, ce qui signifie qu'une partie des immobilisations est financée par des dettes à court terme (dettes fournisseurs en particulier). Cet équilibre financier est plus instable car il dépend des délais de paiement des fournisseurs et du niveau d'activité.

6. Vrai. T = FRNG – BFR ou T = TA – TP.

7. Vrai. On dit que l'équilibre financier minimal est respecté quand les emplois stables sont financés par des ressources disponibles sur un horizon de moyen-long terme.

8. Vrai. Un financement à court terme est suffisant dans le cas d'un déséquilibre financier à court terme non récurrent.

9. Faux. Si le déséquilibre financier est récurrent, l'entreprise doit tenter de réduire son BFR ou chercher à augmenter son FRNG. Le manque de trésorerie peut conduire les partenaires financiers à refuser de nouveaux financements et provoquer la cessation de paiement.

2 Crédit-bail & Co *bis*

Présentez le retraitement des redevances de crédit-bail dans le bilan fonctionnel au 31/12/N+2.

Dans le bilan fonctionnel au 31/12/N+2 :

- les immobilisations brutes augmentent de la valeur du bien prix en crédit-bail (CB) : + 200 000 € ;
- les ressources stables augmentent du montant des amortissements CB (3 annuités d'amortissement) : 3 × 200 000 / 5 = 120 000 € ;
- les ressources stables augmentent du montant de la dette financière CB. On suppose un remboursement par amortissement constant sur 5 ans. Il reste donc 2 années de

remboursement : 2 × 200 000 / 5 = 80 000 €. Le montant de la dette financière CB peut également être trouvé par différence : 200 000 – 120 000 = 80 000 €.

Le bilan fonctionnel reste équilibré car l'actif et le passif augmentent chacun de 200 000 €.

Maîtriser les compétences

3 Mini-cas Levim : bilan fonctionnel

Compétence attendue

Construire un bilan fonctionnel

Présentez le bilan fonctionnel au 31/12/N.

- Bilan fonctionnel au 31/12/N

Actif		Passif	
Emplois stables Immobilisations brutes	13 700	**Ressources stables** Capitaux propres Provisions pour risques et charges Amortissements et dépréciations Dettes financières (8 200 – 400 – 200)	9 500 400 3 100 7 600
Total I	13 700	Total I	20 600
Actif circulant d'exploitation Stocks Créances clients Autres créances Charges constatées d'avance	2 000 4 500 900 200	**Dettes circulantes d'exploitation** Dettes fournisseurs (1 900 – 500) Dettes fiscales et sociales Autres dettes Produits constatés d'avance	1 400 300 100 100
Total II	7 600	Total II	1 900
Actif circulant HE VMP	800	**Dettes circulantes HE** Intérêts courus sur emprunts	200
Total III	800	Total III	200
Trésorerie active Disponibilités	1 000	**Trésorerie passive** CBC et soldes créditeurs banques	400
Total IV	1 000	Total IV	400
Total général	**23 100**	**Total général**	**23 100**

L'écart de conversion actif (ECA) correspond à une perte de change latente qui a entraîné une augmentation des dettes fournisseurs. Il faut donc le déduire des dettes fournisseurs pour obtenir le montant d'origine.

❹ Mini-cas Levim : retraitements

Compétence attendue

Construire un bilan fonctionnel

D'après le bilan fonctionnel de la société Levim, présentez le bilan fonctionnel fin N après avoir procédé au retraitement des EENE et du crédit-bail.

- Bilan fonctionnel (avec retraitements) au 31/12/N

Actif		Passif	
Emplois stables Immobilisations brutes (13 700 + 100)	 *13 800*	**Ressources stables** Capitaux propres Provisions pour risques et charges Amortissements et dépréciations (3 100 + 25*) Dettes financières (7 600 + 75**)	 9 500 400 *3 125* *7 675*
Total I	*13 800*	Total I	*20 700*
Actif circulant d'exploitation Stocks Créances clients (4 500 + 200) Autres créances Charges constatées d'avance	 2 000 *4 700* 900 200	**Dettes circulantes d'exploitation** Dettes fournisseurs Dettes fiscales et sociales Autres dettes Produits constatés d'avance	 1 400 300 100 100
Total II	*7 800*	Total II	1 900
Actif circulant HE VMP	 800	**Dettes circulantes HE** Intérêts courus sur emprunts	 200
Total III	800	Total III	200
Trésorerie active Disponibilité	 1 000	**Trésorerie passive** CBC et soldes créditeurs de banques (400 + 200)	 *600*
Total IV	1 000	Total IV	*600*
Total général	***23 400***	**Total général**	***23 400***

* Amortissement CB = 100 / 4 = 25
** Dette CB = 100 – 25 = 75

❺ Mini-cas Levim : FRNG, BFR et trésorerie

Compétence attendue

Calculer le FRNG, le BFR et T

À partir du bilan fonctionnel après retraitements de la société Levim, calculez à fin N le FRNG (de deux façons différentes), le BFRE, le BFRHE et la trésorerie nette. Commentez.

- FRNG
  - Premier calcul :

  FRNG = Ressources stables – Emplois stables = 20 700 – 13 800 = 6 900
  - Deuxième calcul :

  FRNG = (ACE + ACHE + AT) – (DCTE + DCTHE + PT) = (7 800 + 800 + 1 000) – (1 900 + 200 + 600) = 9 600 – 2 700 = 6 900

Le retraitement du crédit-bail n'impacte pas le FRNG.

- BFRE = ACE – DCE = 7 800 – 1 900 = 5 900
- BFRHE = ACHE – DCHE = 800 – 200 = 600

BFR = BFRE + BFRHE = 5 900 + 600 = 6 500

- Trésorerie nette

T = TA – PT = 1 000 – 600 = 400

Contrôle : T = FRNG – BFR = 6 900 – 6 500 = 400

- Commentaire

Les emplois stables sont intégralement financés par des ressources stables.

L'excédent de ressources stables (FRNG) est suffisant pour financer la totalité du BFR. L'excédent des ressources stables par rapport aux besoins à financer se retrouve en trésorerie, qui est de ce fait positive (+ 400).

Préparer l'épreuve

6 Cas pratique : Société Ara

Compétences attendues

- **Construire** un bilan fonctionnel
- **Calculer** le FRNG, le BFR et T

Décryptage des compétences

Le candidat doit être capable :

- d'appréhender la structure des ressources disponibles et les emplois mis en œuvre pour que l'entreprise puisse développer son activité ;
- de reclasser les postes du bilan PCG d'après la fonction à laquelle ils se rapportent : exploitation, investissement ou financement ;
- de porter un jugement sur la structure financière de l'entreprise et son endettement, sur l'équilibre financier entre les emplois et les ressources stables et sur l'équilibre entre le fonds de roulement et le besoin en fonds de roulement.

1. Présentez le bilan fonctionnel de la société Ara au 31/12/N.

- Bilan fonctionnel au 31/12/N

Actif		Passif	
Emplois stables Immobilisations brutes	 600	**Ressources stables** Capitaux propres Provisions pour risques et charges Amortissements et dépréciations Dettes financières (75 – 3)	 230 10 185 72
Total I	600	Total I	497
Actif circulant d'exploitation Stocks Créances clients Autres créances Charges constatées d'avance	 500 60 10 2	**Dettes circulantes d'exploitation** Dettes fournisseurs Dettes fiscales et sociales Autres dettes Produits constatés d'avance	 650 23 5 3
Total II	572	Total II	681
Actif circulant HE VMP	 3	**Dettes circulantes HE** Dettes sur immobilisations Intérêts courus sur emprunts	 4 3
Total III	3	Total III	7
Trésorerie active Disponibilités	 10	**Trésorerie passive** CBC et soldes créditeurs de banques	 0
Total IV	10	Total IV	0
Total général	**1 185**	**Total général**	**1 185**

2. Calculez le fonds de roulement net global, le besoin en fonds de roulement et la trésorerie nette au 31/12/N. Commentez.

- FRNG

FRNG = Ressources stables – Empois stables = 497 – 600 = – 103 k€

- BFR

BFR = (ACE + ACHE) – (DCE + DCHE) = 572 + 3 – (681 + 7) = – 113 k€

- Trésorerie nette

T = TA – TP = 10 – 0 = 10 k€

Contrôle : T = FRNG – BFR = – 103 – (– 113) = 10

- Commentaire

Le fonds de roulement est négatif, ce qui signifie qu'une partie des immobilisations est financée par des ressources à court terme. Cette situation est *a priori* dangereuse, sauf si le BFR est lui-même négatif, ce qui est le cas ici.

Le fait que le BFR soit négatif signifie qu'il s'agit, non pas d'un besoin de financement, mais d'une ressource. La plupart des clients règlent au comptant ; cependant, il est possible de régler les fournisseurs à terme. Les dettes fournisseurs constituent un « matelas » important qui peut être assimilé à une ressource permanente.

L'équilibre financier est malgré tout précaire est peut-être menacé en cas de baisse de l'activité ou de diminution des délais de paiement accordés par les fournisseurs de l'entreprise.

7 Cas pratique : Société Tanguy

Compétences attendues

- **Construire** un bilan fonctionnel
- **Différencier** les différents cycles d'opérations
- **Calculer** le FRNG, le BFR et T

1. Présentez le bilan fonctionnel fin N.

- Bilan fonctionnel au 31/12/N

Actif		Passif	
Emplois stables Immobilisations brutes	 712 000	**Ressources stables** Capitaux propres Provisions pour risques et charges Amortissements et dépréciations Dettes financières (289 000 – 50 000 – 14 000 – 7 000)	 331 000 38 000 398 000 218 000
Total I	712 000	Total I	985 000
Actif circulant d'exploitation Stocks Créances clients (170 000 + 12 000 – 4 000) Autres créances Charges constatées d'avance	 199 900 178 000 28 000 5 000	**Dettes circulantes d'exploitation** Avances et acomptes reçus Dettes fournisseurs (48 000 – 5 000) Dettes fiscales et sociales Produits constatés d'avance	 10 000 43 000 20 000 24 000
Total II	410 000	Total II	97 000
Actif circulant HE Créances diverses	 46 000	**Dettes circulantes HE** Dettes sur immobilisations Dettes fiscales (IS) Intérêts courus sur emprunts	 13 000 23 000 14 000
Total III	46 000	Total III	50 000
Trésorerie active VMP Disponibilités	 17 000 9 000	**Trésorerie passive** CBC et soldes créditeurs de banques (50 000 + 12 000)	 62 000
Total IV	26 000	Total IV	62 000
Total général	**1 194 000**	**Total général**	**1 194 000**

2. Faites le lien entre les différentes rubriques du bilan fonctionnel et les différents cycles d'opérations.

Les ressources stables reflètent le cycle de financement (horizon de long terme).

Les emplois stables renvoient au cycle d'investissement (horizon de long terme).

Le bas du bilan fonctionnel reflète le cycle d'exploitation au sens large (éléments cycliques relevant d'un horizon de court terme).

3. Calculez le FRNG, le BFRE et le BFRHE.

- FRNG = 985 000 – 712 000 = 273 000 €

- BFRE = 410 000 – 97 000 = 313 000 €
- BFRHE = 46 000 – 50 000 = – 4 000 €

BFR = BFRE + BFRHE = 313 000 – 4 000 = 309 000 €

- Contrôle :

T = 273 000 – 309 000 = – 36 000

T = 26 000 – 62 000 = – 36 000

4. Commentez les résultats obtenus.

L'excédent de ressources stables après financement des immobilisations s'élève à 273 000 € mais est insuffisant pour financer la totalité du besoin de financement engendré par l'exploitation. Il en résulte une trésorerie négative, l'entreprise ayant eu recours à l'escompte d'effets de commerce ainsi qu'à des concours bancaires courants.

On peut remarquer le niveau élevé des stocks et un poste « Créances clients » très nettement supérieur au poste « Dettes fournisseurs ». La société devra donc essayer dans la mesure du possible d'améliorer ces deux points pour redresser la situation de sa trésorerie.

8 Cas pratique : Société Ecoly

Compétences attendues

- **Expliquer** la logique fonctionnelle « emplois / ressources »
- **Calculer** le FRNG, le BFR et T
- **Caractériser** l'évolution dans le temps de la structure financière d'une entreprise

1. Expliquez la logique fonctionnelle « emplois / ressources ».

La logique fonctionnelle part du principe que les ressources stables doivent être suffisantes pour financer les emplois stables (immobilisations). Cela conduit à la règle de l'équilibre financier minimal (FRNG > 0).

L'excédent de ressources stables permet de financer en tout ou partie le besoin de financement issu du cycle d'exploitation et appelé besoin en fonds de roulement (BFR).

2. Après avoir retraité le crédit-bail, déterminez au 31/12/N le FRNG, le BFR et la trésorerie nette. L'établissement du bilan fonctionnel n'est pas demandé.

- Crédit-bail
  - Amortissement CB (2 années) : (2 000 / 5) × 2 = 800
  - Dette CB : 2 000 – 800 = 1 200
- FRNG = Ressources stables – Emplois stables
  - Ressources stables

Capitaux propres : 74 000 – 1 200 de charges à répartir	72 800
Provisions pour risques et charges	2 000
Autres emprunts obligataires : 18 000 – 750 de prime de remboursement	17 250
Emprunts et dettes auprès des établissements de crédit : 19 000 – 1 400 – 2 800 + 1 200	16 000
Emprunts et dettes financières divers	3 000
Amortissements et dépréciations : 45 540 + 800	46 340
Total Ressources stables	157 390

- Emplois stables

Actif immobilisé brut : 140 640 – 250 (intérêts courus) + 2 000 (crédit-bail)	142 390
Total Emplois stables	142 390

- FRNG = 157 390 –142 390 = 15 000

• BFR = (ACE + ACHE) – (DCE + DCHE)

- ACE + ACHE

Total II – VMP – Disponibilités : 127 100 – 800 – 200	126 100
Écart conversion-actif	800
Intérêts courus sur prêts	250
Total ACE + ACHE	127 150

- DCE + DCHE

Avances et acomptes reçus	1 000
Dettes fournisseurs	83 500
Dettes fiscales et sociales	20 800
Autres dettes	1 650
Produits constatés d'avance	700
Écarts de conversion Passif	1 300
Intérêts courus sur emprunts	2 800
Total DCE + DCHE	111 750

- BFR = 127 150 – 111 750 = 15 400

• Trésorerie nette
  - T = TA – TP = 800 + 200 – 1 400 = – 400
  - T = FRNG – BFR = 15 000 – 15 400 = – 400

3. Le FRNG s'élevait à 14 000 et le BFR à 13 200 fin N–1. Caractérisez l'évolution de l'équilibre financier de l'entreprise Ecoly au cours de l'exercice N.

Fin N–1 : T = 14 000 – 13 200 = 800

Fin N : T = – 400

L'équilibre financier de l'entreprise s'est dégradé au cours de l'exercice N.

L'augmentation du BFR (2 200) a été plus importante que celle du FRNG (+ 1 000).

Le FRNG est à présent insuffisant pour financer la totalité du BFR. L'entreprise a été contrainte de recourir à des concours bancaires courants pour pouvoir financer l'intégralité des stocks et des décalages de paiement.

4. Proposez des solutions pour améliorer la situation de l'entreprise.

L'activité de l'entreprise Ecoly a connu une nette progression au cours de l'exercice N.

Quand l'activité progresse, le cycle d'exploitation engendre souvent de nouveaux besoins de financements. Il faudrait donc analyser dans quelle mesure l'augmentation du BFR en N est normale ou non.

Si l'augmentation du BFR est justifiée par la hausse du chiffre d'affaires et que l'activité se développe durablement, il faudrait envisager un renforcement du fonds de roulement à l'aide de financements durables (augmentation de capital, par exemple).

Si l'augmentation du BFR est liée à un dérapage (mauvaise gestion), il faudrait prendre rapidement les mesures nécessaires (gestion plus rigoureuse des stocks, renégociation des délais de paiement si possible, etc.) et surveiller attentivement les postes concernés (niveau des stocks, encaissement des créances, etc.). La surveillance doit être renforcée dans les périodes de développement ou de ralentissement de l'activité.

CHAPITRE 3 L'analyse par les ratios

Évaluer les savoirs

1 Quiz

1. Faux. Il existe de nombreux ratios. Certains s'expriment sous forme de pourcentage, d'autres sous forme de coefficient (capacité de remboursement des emprunts par exemple) ou de nombre de jours (ratios de rotation).

2. Faux. Taux de variation = $\frac{\text{Valeur finale} - \text{Valeur initiale}}{\text{Valeur initiale}} = \frac{285000 - 298500}{298500} = -4{,}52\ \%$

3. Vrai. Le taux de profitabilité est le rapport entre le résultat et le CAHT. Le taux de rentabilité est le rapport entre le résultat et les capitaux investis.

4. Vrai. Les charges et produits s'expriment en HT mais les créances et dettes au bilan s'expriment en TTC.

5. Faux. Cela dépend des cas ! Pour les postes d'actif (stocks et clients), l'entreprise doit chercher à réduire les ratios de rotation. À l'inverse, l'entreprise a intérêt à augmenter le délai moyen de règlement des fournisseurs.

2 To & Co

1. Calculez le taux de marge commerciale.

Taux de marge commerciale = $\frac{\text{Marge commerciale}}{\text{Ventes de marchandises}}$

Et Marge commerciale = Ventes de marchandises – Coût d'achat des marchandises vendues

D'où : Taux de marge commerciale = $\frac{6000 - (3500 - 200)}{6000} = 45\ \%$

Cela signifie que pour 100 € de CAHT, les marchandises ont coûté 55 € et la marge commerciale est de 45 €.

2. Calculez le taux de profitabilité (ou taux de marge bénéficiaire).

Taux de profitabilité = $\frac{\text{Résultat de l'exercice}}{\text{CAHT}} = \frac{360}{9000} = 4\ \%$

Le taux de profitabilité semble assez faible (< 10 %).

3. Calculez le taux de rotation des stocks de marchandises sachant que le stock de marchandises à l'ouverture de l'exercice N s'élevait à 500 k€.

Délai de rotation du stock de marchandises = $\frac{\text{Stock moyen de marchandises} \times 360}{\text{Coût d'achat des marchandises vendues}}$

On sait d'après le compte de résultat que SI – SF = – 200, soit SF = SI + 200 = 700

Stock moyen de marchandises = (500 + 700) / 2 = 600

Coût d'achat des marchandises revendues = 3 500 – 200 = 3 300

Délai de rotation du stock de marchandises = $\frac{600 \times 360}{3300} = 65{,}45$ jours

Le stock de marchandises est stocké pendant environ 65 jours.

Maîtriser les compétences

❸ Mini-cas Quo : activité et profitabilité

Compétence attendue

Réaliser un diagnostic à partir d'un ensemble de ratios pertinents : **calculer** les ratios d'activité, de profitabilité

1. Calculez le taux de variation du chiffre d'affaires, de la valeur ajoutée et de l'EBE en N+2. Commentez.

- Calcul de VA et EBE pour N+1 et N+2

		N+2	N+1
	Production vendue	13 312 000	12 327 410
+	Production stockée	422 000	392 335
=	Production de l'exercice	13 734 000	12 719 745
–	Consommations en provenance des tiers (Achat de MP + Variation des stocks de MP + Autres achats et charges externes)	– 7 585 000	– 7 133 667
=	**Valeur ajoutée (VA)**	**6 149 000**	**5 586 078**
+	Subvention d'exploitation	0	0
–	Impôts, taxes et versements assimilés	– 200 000	– 180 000
–	Charges de personnel	– 5 187 667	– 4 643 334
=	**EBE**	**761 333**	**762 744**

- Calcul des taux de variation en N+2
  - Taux de variation du CAHT : $\frac{13\ 312\ 000 - 12\ 237\ 410}{12\ 327\ 410} = + 7{,}99\ \%$
  - Taux de variation de la VA : $\frac{6\ 149\ 000 - 5\ 586\ 078}{5\ 586\ 078} = + 10{,}08\ \%$
  - Taux de variation de l'EBE : $\frac{761\ 333 - 762\ 744}{762\ 744} = - 0{,}18\ \%$

En N+2, le chiffre d'affaires a progressé de 8 % mais l'EBE recule légèrement. Cela est dû à la forte progression des charges de personnel (+ 11,72 % par rapport à N+1).

2. Calculez la part de la valeur ajoutée revenant à chaque bénéficiaire en N+2.

Bénéficiaire	Part de la valeur ajoutée
État (impôts et taxes + IS)	(200 000 + 96 728) / 6 149 000 = 4,83 %
Personnel	(3 041 600 + 2 146 067) / 6 149 000 = 84,37 %
Prêteurs	245 000 / 6 149 000 = 3,98 %
L'entreprise et ses associés	100 % – 4,83 % – 84,37 % – 3,98 % = 6,82 %

La richesse créée par les opérations d'exploitation bénéficie essentiellement aux salariés.

3. Calculez le taux de profitabilité brut puis le taux de profitabilité en N+2.

Taux de profitabilité brut (ou taux de marge brute)	EBE / CAHT = 761 333 / 13 312 000 = 5,72 %
Taux de profitabilité (ou taux de marge bénéficiaire)	Résultat / CAHT = 167 000 / 13 312 000 = 1,25 %

Pour 100 € de chiffre d'affaires HT, les opérations d'exploitation créent 5,72 € de richesse.
Pour 100 € de chiffre d'affaires HT, l'entreprise dégage un bénéfice de 1,25 €.
Ces taux de profitabilité semblent assez faibles.

❹ Mini-cas Quo : équilibre financier et endettement

Compétence attendue

Réaliser un diagnostic à partir d'un ensemble de ratios pertinents : **calculer** les ratios relatifs à l'équilibre financier et à l'endettement

1. Calculez les ratios relatifs à l'équilibre financier fin N+1 et fin N+2. Commentez.

- Degré de couverture des emplois stables = $\frac{\text{Ressources stables}}{\text{Emplois stables}}$

		N+2	N+1
	Capitaux propres	2 367 000	2 361 190
+	Dettes financières (emprunts – CBC)	1 299 420	1 482 185
+	Provisions	–	–
+	Amortissements et dépréciations de l'actif	(1) 2 509 001	(2) 2 136 666
=	Total Ressources stables	6 175 421	5 980 041

(1) 2 187 334 + 90 000 + 198 665 + 33 002 =
(2) 1 890 000 + 90 000 + 131 650 + 25 016 =

	N+2	N+1
Immobilisations corporelles	4 300 000	4 043 330
Immobilisations financières	423 700	423 700
Total Emplois stables	4 723 700	4 467 030

D'où :

	N+2	N+1
Degré de couverture des emplois stables	6 175 421 / 4 723 700 = 1,44	5 980 041 / 4 467 030 = 1,34

Le degré de couverture des emplois stables est supérieur à 1 donc l'équilibre financier minimal est respecté. Il est en progression en N+2, ce qui est positif.

- Degré de couverture du BFRE = $\frac{\text{FRNG}}{\text{BFRE}}$

		N+2	N+1
	Ressources stables	6 175 421	5 980 041
–	Emplois stables	– 4 723 700	– 4 467 030
=	FRNG	1 451 721	1 513 011

		N+2	N+1
Actif circulant d'exploitation (valeurs brutes)			
	Stocks (matières premières + en-cours + produits finis)	2 377 333	1 885 667
+	Créances clients	1 797 365	1 755 000
+	Charges constatées d'avance	72 001	60 103
=	Total I	4 246 699	3 700 770
Dettes à court terme d'exploitation			
	Dettes fournisseurs	1 553 200	1 354 000
+	Dettes fiscales et sociales	67 250	52 000
+	Autres dettes d'exploitation	613 730	623 664
+	Produits constatés d'avance	113 500	7 000
=	Total II	2 347 680	2 036 664
	BFRE = I – II	1 899 019	1 664 106

D'où :

	N+2	N+1
Degré de couverture du BFRE	1 451 721/ 1 899 019 = 76,45 %	1 513 011/ 1 664 106 = 90,92 %

La couverture du BFRE par le FRNG se dégrade en N+2 mais reste supérieure à 50 %.

2. Calculez les ratios relatifs à l'endettement fin N+1 et fin N+2. Commentez.

- Part des CBC dans l'endettement financier

	N+2	N+1
CBC	501 300	319 815
Dettes financières + CBC	1 800 720	1 802 000
CBC / Endettement financier	27,84 %	17,75 %

La part des CBC dans l'endettement a progressé de façon significative en N+2.

- Ratio d'autonomie financière

	N+2	N+1
Dettes financières (1)	1 299 420	1 482 185
Capitaux propres (2)	2 367 000	2 361 190
Ratio d'autonomie financière = (1) / (2)	0,55	0,63

Le remboursement des emprunts en N+2 permet d'augmenter l'autonomie financière de l'entreprise. Sa capacité théorique d'endettement est 2 367 000 – 1 299 420 = 1 067 580 €.

- Capacité de remboursement

		N+2	N+1
	Résultat de l'exercice	167 000	161 190
+	Dotations (d'exploitation + financières + exceptionnelles)	492 235	439 167
–	Reprises (d'exploitation + financières + exceptionnelles)	– 5 000	– 12 497
+	VCEAC	–	–
–	PCEA	– 44 200	–
–	QP de SI virée au résultat	–	–
=	CAF	610 035	587 860
Ratio d'autonomie financière = Dettes financières / CAF		2,13	2,52

L'autonomie financière de l'entreprise est satisfaisante (il lui faut moins de 3 années de CAF pour rembourser ses dettes financières) et progresse en N+2.

L'augmentation importante du BFRE est financée par des financements à court terme (CBC). Si le BFRE se maintient à des niveaux élevés, l'entreprise aurait intérêt à trouver un financement durable. Sa capacité d'emprunt lui permet d'envisager un financement par emprunt bancaire.

❺ Mini-cas Quo : rotation et investissement

Compétences attendues

Réaliser un diagnostic à partir d'un ensemble de ratios pertinents : **calculer** les ratios de rotation, les ratios d'investissement

1. Calculez les ratios de rotation des stocks de matières premières, des créances clients et des dettes fournisseurs fin N+2.

Durée de stockage des matières premières = $\frac{\text{Stock moyen de MP}}{\text{Coût d'achat des MP consommées}} \times 360$	$\frac{\frac{523\,666 + 454\,000}{2}}{6\,377\,666 - 69\,666} = \frac{488\,833}{6\,308\,000} \times 360 \approx 28$ jours
Durée du crédit client = $\frac{\text{Créances clients + EENE}}{\text{CA TTC}} \times 360$	$\frac{1\,797\,365}{13\,312\,000 \times 1{,}20} \times 360 \approx 41$ jours

Durée du crédit fournisseur = $\dfrac{\text{Dettes fournisseurs}}{\text{Achats TTC + Services extérieurs TTC}} \times 360$	$\dfrac{1\,553\,200}{(6\,377\,666 + 1\,277\,000) \times 1{,}20} \times 360 \approx 61$ jours

2. Calculez les ratios d'investissement fin N+2. Commentez.

Intensité capitalistique = $\dfrac{\text{Actif immobilisé}}{\text{Total de l'actif brut}}$ (avec Total de l'actif brut = Actif immobilisé net + Amortissements et dépréciations)	$\dfrac{4\,300\,000 + 423\,700}{6\,515\,400 + 2\,187\,334 + 90\,000 + 198\,665 + 33\,002}$ $= \dfrac{4\,723\,700}{9\,024\,401} = 52{,}34\ \%$
Taux de vétusté = $\dfrac{\text{Immobilisations corporelles nettes}}{\text{Immobilisations corporelles brutes}}$	$\dfrac{4\,300\,000 - 2\,187\,334}{4\,300\,000} = 49{,}13\ \%$

Les immobilisations brutes représentent 52 % de l'actif brut.
Les immobilisations corporelles sont amorties à hauteur de 100 % – 49,13 % = 50,87 %.

Préparer l'épreuve

6 Cas pratique : Société Prolac

Compétence attendue

Réaliser un diagnostic à partir d'un ensemble de ratios pertinents : **calculer** les ratios de rotation

1. Calculez les ratios de rotation relatifs aux postes stocks, clients et fournisseurs pour l'exercice N.

- Stock de matières et approvisionnements
  - Stock moyen = $\dfrac{24000 + 32000}{2}$ = 28 000
  - Matières consommées = 252 600 + 24 000 – 32 000 = 244 600
  - Durée d'écoulement = $\dfrac{28000 \times 360}{244600}$ = 41,21 jours
- Stock de produits finis
  - Stock moyen = $\dfrac{226000 + 240000}{2}$ = 233 000
  - Coût de production des produits finis vendus = 1 242 000 + 226 000 – 240 000 = 1 228 000
  - Durée d'écoulement = $\dfrac{233000 \times 360}{1228000}$ = 68,31 jours
- Clients et comptes rattachés

« Clients » étant un poste TTC, le dénominateur du ratio doit également être TTC.

$d = \dfrac{(208300 + 39500) \times 360}{2040000 \times 1{,}20}$ = 36,44 jours

- Fournisseurs et comptes rattachés

« Fournisseurs » étant un poste TTC, le dénominateur du ratio doit également être TTC.

$$d = \frac{59800 \times 360}{(52600 + 180400) \times 1{,}20} = 41{,}43 \text{ jours}$$

2. Commentez les résultats.

La durée d'écoulement des stocks de produits finis a légèrement augmenté, ce qui peut traduire une difficulté à écouler la fabrication. Une augmentation s'est également produite au niveau du stock de matières ; ces dernières restent plus longtemps en stock avant d'être consommées.

Les durées d'écoulement ne paraissent pas excessives pour une entreprise industrielle et la durée du crédit fournisseurs est supérieure à celle accordée aux clients, ce qui est positif. Toutefois, on constate une petite dégradation par rapport à l'exercice précédent.

La durée du crédit accordé aux clients est un peu plus longue, ce que des difficultés commerciales pourraient expliquer, alors que le crédit obtenu des fournisseurs a diminué.

Sans être critique, la situation de l'entreprise a connu une évolution qui justifie un examen plus approfondi et nécessite peut-être des mesures correctives.

7 Cas pratique : Société Grac

Compétences attendues

- **Distinguer** les ratios relatifs à l'activité générale et ceux relatifs à la structure financière
- **Distinguer** les ratios de stock et de flux, en niveau et en taux de croissance
- **Analyser** les ratios de l'entreprise et les **mettre en relation** avec ceux du secteur
- **Identifier** les limites d'une analyse basée uniquement sur les ratios

Décryptage des compétences

Le candidat doit pouvoir calculer des ratios rattachés aux différentes parties du diagnostic financier. Il doit également pouvoir distinguer les différents types de ratios afin de conduire une analyse. Les ratios de profitabilité peuvent être rattachés à l'analyse de l'activité; les ratios de structure, d'investissement et d'endettement, à l'analyse de la structure financière.

1. Les ratios proposés en annexe sont-ils des ratios de stock, de flux ou relatifs à l'activité ou à la structure financière ?

Stock = élément du bilan

Flux = élément du compte de résultat

Ratio de stock = Stock / Stock ou Stock / Flux

Ratio de flux = Flux / Flux

Ratio	Ratio relatif à l'activité ou à la structure financière	Ratio de stock ou de flux
Taux de VA = VA / Ventes de march.	Activité (compte de résultat)	Ratio de flux
Délai moyen de rotation des stocks de march.	Structure financière (bilan)	Ratio de stock (Stock / Flux)
Délai moyen de règlement des clients		
Délai de règlement aux fournisseurs		
Poids du BFRE = (BFRE × 360) / CAHT		

Ratio	Ratio relatif à l'activité ou à la structure financière	Ratio de stock ou de flux
Taux de variation du CAHT	Activité (compte de résultat)	Ratio de flux
Taux de variation de la VA		
Taux de marge commerciale		
Taux d'endettement financier = Endettement / Capitaux propres	Structure financière (bilan)	Ratio de stock (Stock / Stock)
Financement courant du BFRE = CBC / BFRE		

2. Présentez un commentaire détaillé (activité ; résultats ; structure financière) de la situation de l'entreprise.

- Niveau d'activité

Le CAHT a diminué de 16 % en N. Cette baisse, nettement moins forte qu'en N–1, est supérieure à celle constatée pour le secteur d'activité. La société connaît, comme le secteur mais de façon plus marquée, des problèmes en relation avec la qualité de ses produits ou avec leur commercialisation.

- Résultats

Le taux de marge commerciale de l'entreprise, bien qu'il se soit amélioré, reste inférieur à celui du secteur d'activité. Ceci s'explique par le fait que l'entreprise a dû réduire ses marges commerciales pour limiter la chute des ventes, à moins qu'elle n'ait pas pu contrôler le coût des marchandises vendues. Malgré cette baisse, la valeur ajoutée de l'entreprise a augmenté de 34 % (passant de 3 727 à 4 990 k€), ce qui montre une bonne maîtrise des charges d'exploitation. Ceci se traduit par un taux de valeur ajoutée (23,5 %) en progression et au-dessus de la moyenne du secteur d'activité pour N.

- Structure financière
  - BFRE

La société a su réduire son BFRE qui ne représente plus que 48 jours de CAHT contre 62 jours en N–1, ce qui est mieux que pour le secteur. Cette amélioration est principalement obtenue grâce à une nette diminution de la durée du crédit aux clients, qui reste malgré tout supérieure à celle du secteur d'activité.

La durée de règlement des fournisseurs a également baissé, mais dans une moindre proportion. Le délai de rotation des stocks s'est détérioré pour atteindre 78 jours (contre 50 jours l'année précédente). Ce délai, supérieur à celui du secteur d'activité, est la résultante des problèmes commerciaux et de la difficulté rencontrée pour écouler les marchandises.

  - Niveau d'endettement

Le taux d'endettement financier a nettement baissé. L'endettement financier ne représente plus que 33 % des capitaux propres contre 67 % l'année précédente.

Malgré ses difficultés, la société a réduit son endettement dans le courant de l'exercice N et son niveau d'endettement est devenu très inférieur à celui du secteur d'activité.

  - Passif de trésorerie retraité

Il ne représente plus que 14,5 % du BFRE, soit moins que l'année précédente et moins que le secteur d'activité.

- Conclusion

Malgré ses difficultés commerciales, l'entreprise a su maintenir une politique rigoureuse de recouvrement des créances, ce qui a permis une diminution du BFRE et un net allégement du passif de trésorerie.

L'endettement financier est très faible et la société dispose d'une capacité d'endettement importante lui permettant de financer des investissements si nécessaire.

Par conséquent, sa principale et quasi seule préoccupation est relative à sa compétitivité commerciale.

3. Peut-on se satisfaire d'une analyse basée uniquement sur des ratios ?

Une analyse basée uniquement sur des ratios présente des limites :

- dans les entreprises soumises à une activité saisonnière, les ratios calculés à la clôture de l'exercice comptable sont difficilement interprétables car peuvent fluctuer fortement ;
- les ratios sectoriels retenus pour les comparaisons peuvent être obtenus en utilisant des méthodes de calcul légèrement différentes.

Un diagnostic financier pertinent se base sur un ensemble d'analyses.

8 Cas pratique : Société A

Compétence attendue

Réaliser un diagnostic à partir d'un ensemble de ratios pertinents : **calculer** les ratios analysant l'équilibre financier et l'endettement

1. Déterminez les fonds de roulement (nets globaux) et les besoins en fonds de roulement pour les exercices N et N+1.

- Retraitement du crédit-bail
  - Fin N

À l'actif : + 28 000 € (à ajouter à l'actif immobilisé brut)

Au passif : + 28 000 € (à ajouter aux dettes financières)

- Fin N+1

À l'actif : + 28 000 €

Au passif : amortissements = 28 000 / 4 = 7 000 € et dettes financières = 28 000 – 7 000 = 21 000 €, soit un total de 28 000 €.

- FRNG = Ressources stables – Emplois stables
  - Calculs préalables

		N	N+1
Dettes financières			
	Emprunts obligataires convertibles	304 614	192 853
+	Autres emprunts obligataires	510 431	464 273
+	Emprunts et dettes auprès des établissements de crédit	110 485	185 783
–	Concours bancaires courants	– 75 000	– 89 000
+	Emprunts et dettes financières divers	564 496	474 775
+	Écart de conversion	43 881	15 984
+	Dette CB	28 000	21 000
=	Total	1 486 907	1 265 668

		N	N+1
Amortissements et dépréciations de l'actif			
	Amortissements	101 607	114 637
+	Dépréciations	250 601	212 555
=	Total	352 208	327 192
Immobilisations incorporelles brutes			
	Montant net	93 418	90 020
+	Amortissements	16 675	18 769
+	Dépréciations	1 500	1 500
=	Total	111 593	110 289
Immobilisations corporelles brutes			
	Montant net	175 824	151 459
+	Amortissements	84 932	95 868
+	Matériel crédit-bail	28 000	28 000
=	Total	288 756	275 327
Immobilisations financières brutes			
	Montant net	2 516 283	2 949 945
+	Dépréciations	194 557	125 496
=	Total	2 710 840	3 075 441

– Calcul du FRNG

	N	N+1
Ressources stables		
Capitaux propres	3 750 281	4 081 722
Provision pour risques et charges	26 222	49 255
Dettes financières (1)	1 486 907	1 265 668
Amortissements et dépréciations de l'actif (2)	352 208	327 192
Amortissement crédit-bail	–	7 000
Total Ressources stables	5 615 618	5 730 837
Emplois stables bruts		
Immobilisations incorporelles (3)	111 593	110 289
Immobilisations corporelles (3)	288 756	275 327
Immobilisations financières (3)	2 710 840	3 075 441
Charges à répartir sur plusieurs exercices	13 227	8 267
Total Emplois stables bruts	3 124 416	3 469 324

	N	N+1
FRNG	**2 491 202**	**2 261 513**
Variation		– 9,22 %

(1) Total des dettes financières figurant au bilan + Écart de conversion – Concours bancaires courants + Dettes CB
(2) Doivent être calculés à l'aide des tableaux des amortissements et des dépréciations
(3) Valeurs nettes figurant au bilan + Amortissements, Dépréciations (annexes 3 et 4)

- BFR = Actif circulant brut hors trésorerie – Dettes d'exploitation et hors exploitation

		N	N+1
Actif circulant brut hors trésorerie			
	Actif circulant net	3 314 133	3 253 697
+	Effets escomptés non échus	18 260	19 350
+	Charges constatées d'avance	5 276	4 410
+	Dépréciations (1)	54 544	85 559
+	Écarts de conversion	45 082	16 027
–	Actif de trésorerie	– 339 260	– 150 718
=	Total	3 098 035	3 228 325
Dettes d'exploitation et hors exploitation			
Dettes fournisseurs		165 285	179 856
Dettes fiscales et sociales		273 730	319 359
Dettes sur immobilisations		20 919	20 920
Autres dettes		392 899	488 243
Produits constatés d'avance		–	802
Total		852 833	1 009 180
BFR		**2 245 202**	**2 219 145**
Variation			– 1,16 %

(1) Fin N : 41 + 9 378 + 45 119 + 6. Fin N+1 : 14 683 + 65 876 + 5 000

- Vérification : Trésorerie = FR – BFR = Actif de trésorerie – Passif de trésorerie

		N	N+1
	Fonds de roulement	2 491 202	2 261 513
–	BFR	– 2 245 202	– 2 219 145
=	Trésorerie	246 000	42 368
	Actif de trésorerie	339 260	150 718
–	Passif de trésorerie (y compris EENE)	– 93 260	– 108 350
=	Trésorerie	246 000	42 368
Variation			– 203 632

2. Calculez les ratios d'autonomie financière pour N et N+1 (sans procéder aux retraitements).

	N	N+1
Ratio d'autonomie financière = $\frac{\text{Dettes financières}}{\text{Capitaux propres}}$	$\frac{1\,486\,907}{3\,750\,281} = 0{,}396$	$\frac{1\,265\,668}{4\,081\,722} = 0{,}31$

3. Analysez l'endettement financier.

Cette question sera traitée à partir des montants retraités. Nous calculerons les deux ratios suivants : $\frac{\text{Endettement financier}}{\text{CAF}}$ et $\frac{\text{Concours bancaires courants}}{\text{Endettement financier}}$.

		N	N+1
	Résultat de l'exercice	197 051	331 878
+	Dotations aux amortissements, dépréciations et provisions	(1) 84 369	153 631
+	Dotations CB	–	7 000
+	VCEAC	113 438	80 197
–	Reprises (d'exploitation + financières + exceptionnelles)	(2) – 69 807	– 127 446
–	PCEA	– 133 887	– 95 589
=	CAF	191 164	349 671
Endettement financier (2) / CAF		$\frac{580\,167}{191\,164} = 8{,}27$	$\frac{374\,018}{349\,671} = 3{,}93$
Concours bancaires courants (retraités) / Endettement financier (3)		$\frac{93\,260 \times 100}{1\,580\,167} = 5{,}9\ \%$	$\frac{108\,350 \times 100}{1\,374\,018} = 7{,}89\ \%$

(1) 40 230 + 6 118 + 673 + 36 218 + 1 130 =
(2) 3 797 + 62 751 + 3 259 =
(3) Dettes financières + Passif de trésorerie

4. Commentez la situation financière de la société.

On constate que le FRNG (non modifié du fait du retraitement du crédit-bail) a sensiblement diminué. Le BFR a baissé mais dans une moindre proportion, ce qui a pour conséquence une dégradation de la trésorerie.

Le ratio d'autonomie financière, satisfaisant en N, s'améliore encore en N+1.

La rentabilité économique s'est nettement améliorée en N+1. La rentabilité financière a fortement augmenté grâce à l'amélioration du résultat.

Enfin, malgré le retraitement du crédit-bail et des effets escomptés non échus (qui aboutissent à l'augmentation de l'endettement global), on remarque une très forte amélioration de la capacité de remboursement. La part des concours bancaires dans l'endettement global a légèrement augmenté du fait de la dégradation de la trésorerie et de la diminution de l'endettement financier.

En conclusion, on peut dire qu'en dépit d'une légère dégradation de l'équilibre financier, la situation financière s'est améliorée.

CHAPITRE 4

L'analyse de la rentabilité

Évaluer les savoirs

1 Quiz

1. Faux. La rentabilité économique mesure la performance économique d'une entreprise avant prise en compte du coût de la dette. Le résultat obtenu est indépendant de la structure de financement et permet de comparer les entreprises d'un même secteur d'activité.

2. Vrai. La rentabilité financière correspond à la rentabilité des capitaux propres. Elle est calculée après prise en compte du coût de la dette.

3. Faux. L'effet de levier financier est négatif lorsque le taux de rentabilité économique est inférieur au taux des dettes financières après IS. L'endettement contribue dans ce cas à dégrader la rentabilité financière.

4. Vrai. Dans une entreprise non endettée, il y a toujours égalité entre la rentabilité économique (après IS) et la rentabilité financière (après IS). Il ne peut y avoir d'effet de levier financier sans recours à l'endettement.

5. Vrai. L'effet de levier financier est proportionnel au bras de levier D/K. Il dépend aussi de l'écart entre la rentabilité économique et le taux des dettes financières après IS.

6. Vrai. Lorsque le ratio D/K d'une entreprise est inférieur à 1 et que l'effet de levier financier est positif, l'entreprise a intérêt à s'endetter. Une entreprise peut normalement s'endetter tant que le montant de ses dettes financières est inférieur au montant de ses capitaux propres. Lorsque l'effet de levier est positif, l'endettement permet alors d'augmenter la rentabilité financière.

2 Choix entre deux entreprises

1. Calculez la rentabilité économique et la rentabilité financière pour chacune des deux entreprises.

Entreprise endettée		Entreprise non endettée	
Chiffre d'affaires	1 000	Chiffre d'affaires	1 000
– Charges d'exploitation	– 670	– Charges d'exploitation	– 670
Résultat d'exploitation	330	Résultat d'exploitation	330
– Charges financières	– 90	– Charges financières	0
Résultat avant IS	240	Résultat avant IS	330
Résultat net d'IS	172,80	Résultat net d'IS	237,60

On doit calculer la rentabilité économique après IS pour la comparer à la rentabilité financière (qui est toujours nette IS) :

r_e après impôt = 8,25 % × (1 – 28 %) = 8,25 % × 72 % = 5,94 %

- Entreprise endettée : 8,64 % > 5,94 %, donc l'effet de levier est positif et égal à 8,64 % – 5,94 % = + 2,7 %

- Entreprise non endettée : $r_e = r_f$ = 5,94 %. Il n'y a pas d'effet de levier puisque, par définition, celui-ci est lié à la présence d'un endettement.

2. Quelle est l'entreprise la plus intéressante pour de futurs associés ?

De futurs investisseurs auront une préférence pour l'entreprise endettée afin de profiter de l'effet de levier financier positif.

Maîtriser les compétences

3 Mini-cas : Taux de rentabilité

> **Compétence attendue**
>
> **Calculer** et **distinguer** la rentabilité économique de la rentabilité financière

1. Calculez le taux de rentabilité économique (avant et après IS).

Résultat économique =Résultat d'exploitation = 1 000 – (285 + 310) = 405 avant IS

Capitaux investis (hors résultat de l'exercice) = 2 000 – 226,8 + 1 500 = 3 273,2

$$r_e \text{ (avant IS)} = \frac{405}{3273{,}2} = 12{,}37\ \%$$

$$r_e \text{ (après IS)} = 12{,}37\ \% \times (1 - 28\ \%) = 8{,}91\ \%$$

2. Calculez le taux de rentabilité financière.

$$r_f = \frac{226{,}8}{2000 - 226{,}8} = 12{,}79\ \%$$

4 Mini-cas : Effet de levier

> **Compétence attendue**
>
> **Mettre en évidence** l'effet de levier

1. Retrouvez la rentabilité financière à partir de la formule de l'effet de levier.

On sait qu'il existe une relation entre r_f et r_e : $r_f = r_e + \frac{D}{K}(r_e - i)$, où r_e et i sont calculés après impôt.

i après impôt : 6 % × (1 – 28 %) = 4,32 %

$$\text{Donc } r_f = 8{,}91\ \% + \frac{1500}{2000 - 226{,}8}(8{,}91\ \% - 4{,}32\ \%) = 12{,}79\ \%$$

2. Calculez l'effet de levier financier et interprétez le résultat.

L'effet de levier correspond au supplément de rentabilité financière obtenu grâce à l'endettement :

$r_f - r_e$ = 12,79 % – 8,91 % = 3,88 %

L'effet de levier financier est positif donc l'endettement se traduit par une amélioration de la rentabilité financière.

❺ Mini-cas : Seuils de rentabilité et levier d'exploitation

Compétence attendue

Différencier charges variables et charges fixes : **calculer** le levier opérationnel (ou d'exploitation)

1. Calculez le seuil de rentabilité global et le seuil de rentabilité d'exploitation.

- Marge sur coût variable = 1 000 – 285 = 715
- Taux de marge sur coût variable = 715 / 1 000 = 0,715
- Seuil de rentabilité global : il tient compte de la totalité des charges fixes (310 + 90 = 400). *SR* = 400 / 0,715 = 559,44
- Seuil de rentabilité d'exploitation : il ne tient compte que des charges fixes d'exploitation (310). SR_e = 310 / 0,715 = 433,57

2. Déterminez le levier d'exploitation de trois façons différentes. Commentez.

- $L_e = \dfrac{\text{CAHT}}{\text{CAHT} - SR_e} = \dfrac{1000}{1000 - 433{,}57} = 1{,}77$
- $L_e = \dfrac{\text{MCV}}{\text{Résultat d'exploitation}} = \dfrac{715}{1000 - 285 - 310} = 1{,}77$
- $L_e = \dfrac{\text{\% variation du RE}}{\text{\% variation du CAHT}} = \dfrac{\dfrac{\Delta \text{RE}}{\text{RE}}}{\dfrac{\Delta \text{CAHT}}{\text{CAHT}}}$

Si le CAHT progresse de 10 %, CAHT = 1 000 × 1,10 = 1 100

Résultat d'exploitation = 1 100 – 285 × 1,10 – 310 = 476,5

$$L_e = \frac{\text{\% variation du RE}}{\text{\% variation du CAHT}} = \frac{\dfrac{476{,}5 - 405}{405}}{10\ \%} = \frac{17{,}65\ \%}{10\ \%} = 1{,}77$$

Une hausse de 10 % du chiffre d'affaires entraîne une augmentation de 17,7 % du résultat d'exploitation et inversement. Le risque d'exploitation est donc assez élevé, ce qui s'explique par la forte proportion de charges fixes d'exploitation (310 / (285 + 310) = 52,1 %).

Préparer l'épreuve

❻ Cas pratique : Société Rentaz

Compétences attendues

- **Calculer** et **distinguer** la rentabilité économique de la rentabilité financière
- **Mettre en évidence** l'effet de levier

Décryptage des compétences

Le candidat doit être capable :
- d'apprécier la capacité de l'entreprise à s'adapter en cas de changement du niveau d'activité ;
- d'appréhender la relation entre rentabilité et risque d'exploitation afin de comprendre l'impact du niveau d'activité sur la rentabilité économique.

Il doit, par ailleurs, connaître la relation entre rentabilité économique et rentabilité financière et comprendre le risque d'un endettement excessif. À partir d'un contexte professionnel, il s'agit d'analyser la rentabilité et la vulnérabilité de l'entreprise afin de préconiser des actions sur le niveau d'endettement.

1. Définissez les notions de rentabilité économique et de rentabilité financière.

La rentabilité économique est le taux donnant le rendement des capitaux investis. On l'obtient en rapportant le résultat économique au total des capitaux investis, lui-même obtenu en faisant le total « Capitaux propres + Dettes financières ».

Le résultat économique correspond généralement au résultat courant, avant déduction des charges financières et net d'impôt mais on peut également retenir le résultat d'exploitation net d'IS ou le résultat net hors intérêts après IS.

La rentabilité financière est le taux mesurant le rendement des capitaux propres. On l'obtient en calculant le rapport Résultat net / Capitaux propres, ces derniers pouvant inclure ou non le résultat de l'exercice.

2. Calculez la rentabilité économique après impôt et la rentabilité financière.

- Rentabilité économique après IS

Capitaux propres de référence : 524 000 – 167 000 = 357 000

Capitaux investis = 357 000 + 283 000 = 640 000

Nous ne connaissons pas le résultat d'exploitation. Il faut donc partir du résultat de l'exercice (qui est, rappelons-le, net d'impôt) et rajouter les intérêts (également nets d'impôt) :
Résultat économique = Résultat avant déduction des intérêts nets d'IS

Intérêts nets d'IS : 21 000 × (1 – 28 %) = 21 000 × 72 % = 15 120

Résultat économique = 167 000 + 15 120 = 182 120

D'où Rentabilité économique (après IS) = $\frac{182120}{640000}$ = 28,46 %

- Rentabilité financière (après IS) = $\frac{167000}{357000}$ = 46,78 %

3. Expliquez l'écart entre les deux rentabilités, d'abord de manière rédactionnelle puis à l'aide d'un calcul précis.

On remarque que la rentabilité économique est très supérieure au taux apparent de la dette (i = 21 000 × 72 % / 283 000 = 5,34 % après IS). Par conséquent, on en déduit que l'effet de levier financier a joué favorablement et que l'endettement a permis d'augmenter la rentabilité financière.

Il est possible de vérifier cette affirmation par des calculs.

On sait que l'expression de la rentabilité financière en fonction de la rentabilité économique est donnée par la relation suivante (avec des taux nets d'IS) : $r_f = r_e + \frac{D}{K}(r_e - i)$.

On a alors : $r_f = 28{,}46\ \% + \frac{283000}{357000}(28{,}46\ \% - 5{,}34\ \%)$ = 46,79 %

7 Cas pratique : Société Sawa

Compétences attendues
- **Calculer** et **distinguer** la rentabilité économique de la rentabilité financière
- **Mettre en évidence** l'effet de levier

1. Calculez le résultat économique net d'IS, le résultat économique avant IS et le résultat net d'IS (ce dernier de deux façons différentes).

- Résultat économique net d'IS

$r_e = \frac{\text{Résultat économique}}{K+D}$ d'où Résultat économique = $r_e \times (K + D)$

Résultat d'exploitation net d'IS = 10 % × (10 000 + 8 000) = 1 800 k€

- Résultat économique avant IS

Résultat d'exploitation net d'IS = Résultat d'exploitation avant IS × (1 – 0,28)

Donc Résultat d'exploitation avant IS = $\frac{1800}{0,72}$ = 2 500 k€

- Résultat net d'IS

Résultat avant IS = 2 500 – 8 000 × 6 % = 2 020 k €

Résultat net = 2 020 × 0,72 = 1 454 k€

OU Résultat net = 1 800 – 8 000 × 6 % × 0,72 = 1 454 k€

2. Calculez le taux de rentabilité financière. Précisez ce qu'il serait dans l'hypothèse où D = 0.

r_f = 1 454 / 10 000 = 14,54 %

Avec D = 0, on aurait $r_f = r_e$ = 10 % (pas d'effet de levier)

3. Précisez si l'effet de levier est positif ; calculez le levier et retrouvez le taux de rentabilité financière.

Effet de levier = $r_f - r_e$ = 14,54 – 10 = 4,54 % (effet positif car $r_e > i$)

Coût de la dette après IS = 6 % × 0,72 = 4,32 %

r_f = 10 % + 8/10 (10 % – 4,32 %) = 10 % + 4,54 % = 14,54 %

4. La société bénéficie d'une bonne réputation et d'une solide situation financière. Elle peut obtenir un endettement complémentaire portant le levier à 1,5. Calculez le montant de cet endettement complémentaire et l'effet de levier pour ce niveau. Déduisez-en le taux de rentabilité financière correspondant.

D/K = 1,5 → D = 1,5 × K = 1,5 × 10 000 = 15 000

L'endettement complémentaire est de 15 000 – 8 000 = 7 000 k€.

Effet de levier = D/K ($r_e - i$) = 1,5 × (10 % – 4,32 %) = 8,52 %

On a donc $r_f = r_e$ + effet de levier = 18,52 % (> 14,54 %)

L'endettement a contribué à augmenter la rentabilité des capitaux propres (effet de levier positif).

❽ Cas pratique : Société Level

Compétences attendues

- **Différencier** charges variables et charges fixes : **Calculer** le levier opérationnel (ou d'exploitation)
- **Caractériser** la problématique rentabilité / risque liée à l'endettement

Pour les calculs, le résultat d'exploitation sera considéré avant impôt (en utilisant un résultat après impôt, on obtiendrait le même résultat).

1. Calculez le levier d'exploitation de l'entreprise en considérant les hypothèses suivantes :

- Augmentation de 20 % du CAHT
  - Ancien résultat d'exploitation

1 420 000 – (358 000 + 3 000 + 232 000 + 27 500 + 422 600 + 85 900) = 291 000 €

- Nouveau résultat d'exploitation

1 420 000 × 1,2 – (358 000 + 3 000 + 232 000 × 0,8 + 422 600 × 0,8) × 1,2 – 0,2 × (232 000 + 422 600) – 27 500 – 85 900 = 398 064 €

- Variation du résultat d'exploitation : $\frac{398064 - 291000}{291000} = +36{,}79\ \%$

Quand le CAHT augmente de 20 %, le résultat d'exploitation augmente de 36,79 %.

- Levier d'exploitation LE = $\frac{+36{,}79\ \%}{+20\ \%} = 1{,}84$

- Diminution de 10 % du CAHT
  - Ancien résultat d'exploitation : 291 000 €
  - Nouveau résultat d'exploitation

1 420 000 × 0,9 – (358 000 + 3 000 + 232 000 × 0,8 + 422 600 × 0,8) × 0,9 – (232 000 + 422 600) × 0,2 – 27 500 – 85 900 = 237 468 €

- Variation du résultat d'exploitation : $\frac{237\,468 - 291000}{291000} = -18{,}4\ \%$
- Levier d'exploitation LE = $\frac{-18{,}4\ \%}{-10\ \%} = 1{,}84$

Il n'existe qu'un seul levier d'exploitation pour une structure de charges donnée et un chiffre d'affaires donné.

- Calcul du levier d'exploitation indépendamment de toute variation du CAHT

MCV = 1 420 000 – 358 000 – 3 000 – (232 000 + 422 600) × 0,8 = 535 320

$LE = \frac{MCV}{RE} = \frac{535320}{291000} = 1{,}84$

2. Retrouvez le levier à partir du seuil de rentabilité.

- Taux de marge sur coûts variables

MCV = 1 420 000 – (358 000 + 3 000 + 232 000 × 0,8 + 422 600 × 0,8) = 535 320 soit 37,7 % du CAHT

- Seuil de rentabilité

Σ Charges fixes d'exploitation = (232 000 + 422 600) × 0,2 + 27 500 + 85 900 = 244 320

$SR = \frac{244320}{0{,}377} = 648\,064$

- Levier d'exploitation

$$LE = \frac{1420000}{1420000 - 648064} = 1{,}84$$

3. Calculez le levier d'exploitation dans l'hypothèse où le coût d'achat des marchandises vendues est la seule charge variable, les autres charges étant fixes. Commentez.

- Calcul

$$SR = \frac{768000}{0{,}7458} = 1\,029\,767 \text{ donc } LE = \frac{1420000}{1420000 - 1029767} = 3{,}64$$

- Commentaire

Le risque d'exploitation est d'autant plus élevé que la part des charges fixes dans les charges totales est importante.

Le résultat de la question 3 montre que la sensibilité du résultat d'exploitation à une variation du CAHT est plus forte car la part des charges fixes a augmenté par rapport à la question 1.

L'entreprise est donc moins flexible et se trouve davantage exposée au risque d'exploitation.

4. Calculez le levier d'exploitation en N+1 sachant que le chiffre d'affaires a baissé de 15 % et que la structure des charges est inchangée par rapport à la question 3. Vous présenterez pour cela le compte de résultat différentiel de N+1. Commentez.

- Compte de résultat différentiel de N+1

CAHT (1 420 000 × 0,85) :	1 207 000
– CVe (358 000 + 3 000) × 0,85 :	– 306 850
= MCV :	900 150
– CFe :	– 768 000
= Résultat d'exploitation :	132 150

- Calcul de Le
  - Le = MCV / RE = 900 150 / 132 150 = 6,81
  - Autre calcul à partir du seuil de rentabilité d'exploitation :

Taux de MCV = 900 150 / 1 207 000 = 74,58 % (inchangé par rapport à la question 3)

SRe = 768 000 / 0,7458 = 1 029 767 € (inchangé par rapport à la question 3)

Le = CAHT / (CAHT – SRe) = 1 207 000 / (1 207 000 – 1 029 767) = 6,81

- Commentaire

Le risque d'exploitation est d'autant plus élevé que la marge de sécurité de l'entreprise est faible.

La baisse de l'activité subie par l'entreprise entraîne une augmentation du risque d'exploitation.

Si le chiffre d'affaires baisse de 10 %, le résultat d'exploitation diminuera de 68,1 % contre 36,4 % à la question précédente.

5. Le risque supporté par les actionnaires se limite-t-il au risque d'exploitation ?

Les actionnaires subissent le risque économique mais également le risque lié à l'endettement.

Le levier financier est une mesure du risque financier : L_f = CAHT / CAHT – SR

Il convient de calculer le seuil de rentabilité global en incluant les éléments financiers.

On suppose que la différence entre les charges financières et les produits financiers constituent une charge fixe.

MCV :	900 150
– CF : 768 000 + 9 500 – 1 500	– 776 000
= Résultat courant avant impôt :	124 150

L_f = MCV / Résultat courant = 900 150 / 124 150 = 7,25 > 6,81

Le risque financier est supérieur au risque économique car l'entreprise est endettée.

Si le chiffre d'affaires baisse de 10 %, le résultat courant diminuera de 72,5 % contre 68,1 % pour le risque d'exploitation.

Le risque financier est d'autant plus important que l'endettement est élevé.

CHAPITRE 5 Le tableau de financement

Évaluer les savoirs

1 Quiz

1. Faux. Les augmentations de réserves ne figurent pas dans le tableau de financement car elles proviennent des résultats des exercices précédents. Il ne s'agit donc pas de nouvelles ressources pour l'entreprise.

2. Faux. Une diminution de passif correspond à un emploi donc un besoin de financement.

3. Faux. Une diminution d'actif correspond à une ressource.

4. Vrai. Compte tenu de la convention adoptée pour calculer les soldes dans la deuxième partie du tableau de financement (Dégagements – Besoins), le solde A correspond à la variation du BFRE avec un signe inversé. Un signe « moins » correspond à une augmentation ; un signe « plus » à une diminution.

5. Faux. Il y a eu des acquisitions et des cessions d'immobilisations au cours de l'exercice. Il faut donc utiliser la formule suivante : Immos (N) = Immos (N–1) + Acquisitions – Cessions. Immobilisations corporelles (N) = 15 000 + 10 000 + 1 000 = 26 000 k€. Immobilisations corporelles (N–1) = 10 000 + 6 000 + 2 000 + 500 = 18 500 k€. Cessions = 1 100 (valeur brute et non prix de cession). On a donc : 26 000 = 18 500 + Acquisitions – 1 100, d'où Acquisitions = 26 000 – (18 500 – 1 100) = 8 600 k€.

6. Vrai. Pour trouver le montant des dettes financières remboursées, il faut utiliser la relation suivante : $D_N = D_{N-1}$ + Augmentations – Remboursement. D_N = Dettes financières au 31/12/N = 450 – 32 – 84 = 334. D_{N-1} = Dettes financières au 31/12/N–1 = 320 – 24 – 56 = 240. Augmentations = 300 (énoncé). On a : 334 = 240 + 300 – Remboursement, d'où Remboursement = 240 + 300 – 334 = 206 k€.

2 Calculs préparatoires

1. Calculez le montant de l'augmentation des capitaux propres.

Augmentation de capital en numéraire : 350 – 300 = 50 k€.

On a : SI fin N = SI fin N–1 + Augmentation – Diminution (montant viré au résultat)

55 = 50 + Augmentation – 10

D'où : Nouvelles subventions d'investissement = 55 – (50 – 10) = 15 k€.

Augmentation des capitaux propres = 50 + 15 = 65 k€.

2. Calculez le montant des cessions ou des réductions d'immobilisations en N.

Cessions d'actions : 20 k€ (donné dans l'énoncé).

Réduction de prêts : 85 – 50 = 35 k€.

Le montant des cessions ou réductions d'immobilisations financières est de 20 + 35 = 55 k€.

3. Calculez le montant des acquisitions d'immobilisations financières en N.

Valeur comptable des actions cédées : 15 k€ (donné dans l'énoncé).

On a : 140 = 120 + Acquisitions – 15

D'où Acquisitions = 140 – (120 – 15) = 35 k€.

Maîtriser les compétences

❸ Mini-cas : Léger

Compétence attendue

Construire le tableau de financement

1. Présentez le tableau de financement simplifié de l'exercice N en faisant apparaître la variation du FRNG, du BFR et de la trésorerie nette. Commentez.

Emplois		Ressources	
Remboursement d'emprunt	15 000	CAF = Résultat de l'exercice + Δ Amortissements = 28 030 + (15 000 – 10 000)	33 030
Δ FRNG = 18 030			
↗ Stocks	5 000	↗ Dettes fournisseurs	3 787
↗ Créances clients	1 420	↗ Dettes fiscales et sociales	7 035
Δ BFR = – 4 402			
↗ Disponibilités	22 432		
Δ T = 22 432			
Total	**43 852**	**Total**	**43 852**

Les nouvelles ressources stables dégagées par l'activité de l'entreprise constituent la CAF (Résultat de l'exercice + Dotations dans ce cas simplifié).

Le résultat de l'exercice N–1 a fait l'objet d'une affectation en Réserves. Il ne s'agit pas d'une nouvelle ressource en N. Il s'agit seulement d'un transfert de poste à poste.

L'excédent de ressources stables a augmenté de 18 030 € au cours de l'exercice N.

Le besoin de financement lié à l'exploitation a baissé en parallèle de 4 402 €.

Il en résulte une augmentation de la trésorerie de 22 432 €. L'équilibre financier s'est donc amélioré en N.

2. Même question en N+1.

Emplois		Ressources	
Dividendes distribués = 46 825 + 28 030 – 58 700	16 155	CAF = 17 510 + 23 000 – 15 000	25 510
Acquisition d'immobilisations	15 000		
Remboursement d'emprunt	15 000		
Δ FRNG = – 20 645			
↘ Dettes fournisseurs	2 787	↘ Créances clients	1 120
↘ Dettes fiscales et sociales	6 120		
Δ BFR = 7 787			
		↘ Disponibilités	28 432
Δ T = – 28 432			
Total	**55 062**	**Total**	**55 062**

L'excédent de ressources stables a baissé de 20 645 € du fait d'une distribution de dividendes et de l'autofinancement d'une immobilisation.

Dans le même temps, le besoin de financement engendré par l'exploitation a progressé de 7 787 € du fait d'une diminution des dettes à court terme.

La trésorerie nette chute donc de 28 432 €. L'équilibre financier s'est fortement dégradé au cours de N+1. L'entreprise n'a plus que 500 € en disponibilités au 31/03/N+1.

❹ Mini-cas : SARL BF, première partie

Compétence attendue

Construire le tableau de financement du PCG

D'après les documents fournis en annexes, établissez la première partie du tableau de financement du PCG.

Emplois	Exercice N	Ressources	Exercice N
Distribution mises en paiement : 32 345 + 3 819 – 23 664	12 500	Capacité d'autofinancement de l'exercice : 34 408 + 11 026	45 434
Acquisition d'éléments de l'actif immobilisé :		Cessions ou réductions d'éléments de l'actif immobilisé :	
Immobilisations incorporelles		Cessions d'immobilisations :	
Immobilisations corporelles : 12 550 – 1 800	10 750	– incorporelles	
Immobilisations financières		– corporelles	
Charges à répartir sur plusieurs exercices		Cessions ou réduction d'immobilisations financières	
Réduction des capitaux propres		Augmentation des capitaux propres :	
		Augmentation de capital ou apports	
		Augmentation des autres capitaux propres	
Remboursements de dettes financières : (141 983 – 6 200) – (108 730 – 3 700)	30 753	Augmentation des dettes financières	
Total des emplois	**54 003**	**Total des ressources**	**45 434**
Variation du FRNG (ressource nette)		Variation du FRNG (emploi net)	**8 869**

❺ Mini-cas : SARL BF, deuxième partie

Compétence attendue

Construire le tableau de financement du PCG

D'après les annexes du minis-cas 4, établissez la deuxième partie du tableau de financement du PCG. Commentez.

Variation du fonds de roulement net global	Besoins (1)	Dégagement (2)	Solde (2 – 1)
Variations « Exploitation »			
Variation des actifs d'exploitation			
Stock et en cours : 35 050 – 30 104	4 946		
Avances et acomptes versés			
Créances clients, comptes rattachés et autres créances d'exploitation : 587 – 660		73	
Variation des dettes d'exploitation			
Avances et acomptes reçus			
Dettes fournisseurs, comptes rattachés et autres dettes d'exploitation : 15 199 + 18 006 – 15 560 – 18 108	463		
Totaux	**5 409**	**73**	
A. Variation nette « Exploitation »			**– 5 336**
Variations « Hors exploitation »			
Variation des autres débiteurs			
Variation des autres créditeurs : 3 700 – 6 200	2 500		
Totaux	**2 500**	**0**	
B. Variation nette « Hors exploitation »			**– 2 500**
TOTAL A + B : **Besoin de l'exercice en fonds de roulement** ou **Dégagement net de fonds de roulement**			**– 7 836**
Variations « Trésorerie »			
Variation des disponibilités : 18 578 – 34 983		16 405	
Variation des concours bancaires courants et soldes créditeurs de banque			
Totaux	**0**	**16 405**	
C. Variation nette « Trésorerie »			**16 405**
Variation du fonds de roulement net global (TOTAL A +B + C) **Emploi net** ou **Ressource nette**			**8 569**

Le remboursement des dettes financières, la distribution de dividendes et l'autofinancement du nouveau mobilier (10 750 €) ont entraîné une baisse du FRNG de 8 569 € au cours de l'exercice. Parallèlement, le BFR a augmenté de 7 836 € principalement du fait d'une augmentation des stocks de marchandises (5 336 €). Il en résulte une trésorerie nette en baisse de 8 569 €.

L'équilibre financier s'est donc dégradé au cours de l'exercice mais la situation n'est pas alarmante pour autant. La trésorerie finale de l'entreprise demeure positive (18 578 €). L'entreprise devra surveiller l'évolution de ses stocks et si nécessaire diminuer le montant des dividendes versés.

Préparer l'épreuve

6 Cas pratique : Partty

Compétence attendue

Construire le tableau de financement du PCG

Décryptage des compétences

Le candidat doit être capable :
- d'identifier un tableau de financement et un tableau de flux de trésorerie afin d'expliciter leurs différences ;
- de préciser la notion de trésorerie, afin de pouvoir expliciter son importance au regard du risque de défaillance ;
- de construire tout ou partie d'un tableau de financement du PCG.

1. Calculez la capacité d'autofinancement de l'entreprise fin N.

	Résultat net	180	(bilan)
+	DADP : 250 + 20 + 160	430	(tableau des amortissements, dépréciations et provisions)
+	Valeur comptable des éléments d'actifs cédés : 200 – 130	70	(tableau des immobilisations et des amortissements)
–	Produits de cessions	– 80	(information donnée)
–	Reprises	– 100	(tableau des dépréciations et provisions)
–	QP de SI virée au résultat	–	
=	CAF	500	

2. Établissez le tableau de financement du PCG.

- Calcul de l'augmentation des dettes financières

On utilise la relation : $D_N = D_{N-1} + A - R$, d'où $A = D_N - D_{N-1} + R$

$D_N = 1\,500 - 100 = 1\,400$; $D_{N-1} = 1\,200 - 200 = 1\,000$ et R = 200 (donnée)

Donc A = 1 400 – 1 000 + 200 = 600

- Calcul des dividendes distribués

Les réserves ont augmenté de 500 – 400 = 100

Le résultat s'élevait à 150, d'où Montant des dividendes : 150 – 100 = 50

- Tableau de financement
  - Première partie

Emplois	Exercice N	Ressources	Exercice N
Distribution mises en paiement au cours de l'exercice	50	Capacité d'autofinancement de l'exercice	500
Acquisition d'éléments de l'actif immobilisé :		Cessions ou réductions d'éléments de l'actif immobilisé :	
Immobilisations incorporelles	60	Cessions d'immobilisations :	
Immobilisations corporelles	800	– incorporelles	
Immobilisations financières	200	– corporelles	80
Charges à répartir sur plusieurs exercices	–	Cessions ou réduction d'immobilisations financières	
Réduction des capitaux propres	–	Augmentation des capitaux propres :	100
		Augmentation de capital ou apports : 500 + 200	700
		Augmentation des autres capitaux propres	
Remboursements de dettes financières	200	Augmentation des dettes financières	600
Total des emplois	**1 310**	**Total des ressources**	**1 980**
Variation du FRNG (ressource nette)	**670**	Variation du FRNG (emploi net)	

  - Deuxième partie

Variation du fonds de roulement net global	Besoins (1)	Dégagement (2)	Solde (2 – 1)
Variations « Exploitation »			
Variation des actifs d'exploitation			
Stock et en cours	180		
Avances et acomptes versés			
Créances clients, comptes rattachés et autres créances d'exploitation	420		
Variation des dettes d'exploitation			
Avances et acomptes reçus			
Dettes fournisseurs, comptes rattachés et autres dettes d'exploitation		100	
Totaux	**600**	**100**	
A. Variation nette « Exploitation »			**– 500**
Variations « Hors exploitation »			
Variation des autres débiteurs		110	
Variation des autres créditeurs	200		
Totaux	**200**	**110**	
B. Variation nette « Hors exploitation »			**– 90**

Variation du fonds de roulement net global	Besoins (1)	Dégagement (2)	Solde (2 – 1)
TOTAL A + B : **Besoin de l'exercice en fonds de roulement** ou **Dégagement net de fonds de roulement**			**– 590**
Variations « Trésorerie » Variation des disponibilités Variation des concours bancaires courants et soldes créditeurs de banque	 100	 20	
Totaux	**100**	**20**	
C. Variation nette « Trésorerie »			**– 80**
Variation du fonds de roulement net global (TOTAL A + B + C) **Emploi net** ou **Ressource nette**			**– 670**

❼ Cas pratique : BX

Compétences attendues

- **Construire** le tableau de financement du PCG
- **Conduire** un diagnostic à partir des tableaux de flux

1. Calculez la capacité d'autofinancement de l'exercice N.

	Résultat de l'exercice	670 000
+	Dotations aux amortissements	1 082 000
+	Dotations aux dépréciations et provisions	134 000
–	Reprises sur dépréciations et provisions	– 2 500
+	Valeur comptable des éléments d'actifs cédés : 75 000 + 270 000	345 000
–	Produits de cessions d'éléments d'actif	– 340 000
–	Subvention d'investissement	– 30 000
=	CAF	1 858 500

2. Établissez le tableau de financement du PCG.

- Calcul de l'augmentation des dettes financières

		D_{N-1}	Augmentation	Remboursement	D_N
	Emprunts auprès des établissements de crédit	3 878 200	–	–	3 131 700
+	Dettes financières diverses	1 752 000	–	–	1 820 000
–	Concours bancaires courants	– 1 878 200	–	–	– 231 700
=	Total	3 752 000	1 818 000	(1) 850 000	4 720 000

(1) 2 728 200 – 1 878 200 (bilan N–1)

- Augmentation du capital (détail)

Augmentation nominale	3 000 000
Partie non appelée	– 1 250 000
Incorporation réserve facultative	– 500 000
Prime d'émission	+ 550 000
Total	1 800 000

- Tableau de financement
  - Première partie

Emplois	Exercice N	Ressources	Exercice N
Distribution mises en paiement au cours de l'exercice (bilan N–1)	290 000	Capacité d'autofinancement de l'exercice	1 858 500
Acquisition d'éléments de l'actif immobilisé :		Cessions ou réductions d'éléments de l'actif immobilisé :	
Immobilisations incorporelles	200 000	Cessions d'immobilisations : – incorporelles	
Immobilisations corporelles	2 440 000		
Immobilisations financières	235 000	– corporelles : 250 000 + 90 000	340 000
Charges à répartir sur plusieurs exercices [(1)]	–	Cessions ou réduction d'immobilisations financières : 8 000 + 27 000	35 000
Réduction des capitaux propres	–	Augmentation des capitaux propres :	
		Augmentation de capital ou apports	1 800 000
		Augmentation des autres capitaux propres	
Remboursements de dettes financières [(2)]	850 000	Augmentation des dettes financières [(2)(3)]	1 818 000
Total des emplois	**4 015 000**	**Total des ressources**	**5 851 500**
Variation du FRNG (ressource nette)	**1 836 500**	Variation du FRNG (emploi net)	

(1) Montant brut transféré au cours de l'exercice

(2) Sauf concours bancaires et soldes créditeurs de banques

(3) Hors primes de remboursement des obligations

- Deuxième partie

Variation du fonds de roulement net global (exercice N)	Besoins (1)	Dégagement (2)	Solde (2 – 1)
Variations « Exploitation »			
Variation des actifs d'exploitation			
Stock et en cours	450 000		
Avances et acomptes versés		94 000	
Créances clients, comptes rattachés et autres créances d'exploitation [(1)]	110 000		
Variation des dettes d'exploitation			
Avances et acomptes reçus sur commandes en cours	35 000		
Dettes fournisseurs, comptes rattachés et autres dettes d'exploitation [(2)]		207 000	

Variation du fonds de roulement net global (exercice N)	Besoins (1)	Dégagement (2)	Solde (2 – 1)
Totaux	**595 000**	**301 000**	
A. Variation nette « Exploitation » (3)			**– 294 000**
Variations « Hors exploitation » Variation des autres débiteurs (1)(4) Variation des autres créditeurs (2)		52 000 102 000	
Totaux	**0**	**154 000**	
B. Variation nette « Hors exploitation » (3)			**+ 154 000**
TOTAL A + B : **Besoin de l'exercice en fonds de roulement** ou **Dégagement net de fonds de roulement**			**– 140 000**
Variations « Trésorerie » Variation des disponibilités Variation des concours bancaires courants et soldes créditeurs de banque	50 000 1 646 500		
Totaux	**1 696 500**	**0**	
C. Variation nette « Trésorerie » (3)			**– 1 696 500**
Variation du fonds de roulement net global **(TOTAL A + B + C)** **Emploi net** ou **Ressource nette**			**– 1 836 500**

(1) Y compris charges constatées d'avance selon leur affectation à l'exploitation ou non
(2) Y compris produits constatés d'avance selon leur affectation à l'exploitation ou non
(3) Les montants sont assortis du signe (+) lorsque les dégagements l'emportent sur les besoins et du signe (–) dans le cas contraire
(4) Y compris valeurs mobilières de placement

3. Commentez l'évolution de la structure financière de la société.

L'entreprise a disposé courant N de trois grandes catégories de ressources financières :

- la capacité d'autofinancement ;
- l'augmentation de capital en numéraire ;
- l'augmentation des dettes financières stables autorisée par l'augmentation des capitaux propres.

Cet accroissement des ressources a permis notamment de réaliser de nouveaux investissements (principalement corporels) et d'accroître sensiblement le fonds de roulement net global de l'entreprise.

Le besoin en fonds de roulement stagne (accroissement des stocks et créances clients compensé notamment par la progression des dettes fournisseurs et une diminution du besoin hors exploitation), d'où une amélioration de la situation de trésorerie qui se traduit par une forte diminution des concours bancaires courants.

8 Cas pratique : Bankiz

Compétences attendues

- **Construire** le tableau de financement du PCG
- **Justifier** les retraitements des tableaux de flux
- **Conduire** un diagnostic à partir des tableaux de flux

1. Justifiez le retraitement du crédit-bail et des effets escomptés et non échus (EENE).

Les contrats de crédit-bail et les EENE sont retraités afin de pouvoir comparer de façon objective des entreprises ayant fait des choix de gestion différents.

- En matière d'investissement :
  - certaines entreprises acquièrent leurs immobilisations en pleine propriété ;
  - d'autres ont recours aux contrats de crédit-bail.
- En ce qui concerne les financements à court terme :
  - certaines entreprises ont recours à l'escompte de leurs effets de commerce ;
  - d'autres ont recours aux concours bancaires courants ou aux découverts bancaires.

Les retraitements permettent de mettre sur un pied d'égalité les entreprises en supposant :

- que les immobilisations sont acquises en pleine propriété ;
- que l'entreprise a recours aux CBC et soldes créditeurs de banque.

2. Établissez le tableau de financement en procédant au retraitement du crédit-bail et des EENE.

- Retraitement du crédit-bail
  - Dotation aux amortissements : 500 000 / 5 = 100 000
  - Charges financières : 140 000 – 100 000 = 40 000
- Tableau de financement
  - Calcul de la CAF

	Résultat de l'exercice	207 980
+	Dotations aux amortissements et provisions : 632 800 + 206 900 + 50 000 (amortissements charges à répartir) + 100 000 (CB)	989 700
+	Valeur comptable des éléments d'actifs cédés	130 000
–	Produits des cessions	– 105 000
–	Reprises : 94 300 + 10 000	– 104 300
–	Quote-part de subventions	– 20 000
=	CAF	1 098 380

– Première partie du tableau de financement

Emplois	Exercice N	Ressources	Exercice N
Distribution mises en paiement au cours de l'exercice (bilan)	180 000	Capacité d'autofinancement de l'exercice	1 098 380
Acquisition d'éléments de l'actif immobilisé :		Cessions ou réductions d'éléments de l'actif immobilisé :	
Immobilisations incorporelles	398 000	Cessions d'immobilisations :	
Immobilisations corporelles (1)	1 401 000	– incorporelles	
Immobilisations financières (2)	29 000	– corporelles	63 000
Charges à répartir sur plusieurs exercices	–	Cessions ou réduction d'immobilisations financières (4)	117 000
Réduction des capitaux propres (3)	478 910	Augmentation des capitaux propres : (5)	162 500
		Augmentation de capital ou apports	
		Augmentation des autres capitaux propres (6)	945 600
Remboursements de dettes financières (2)	–	Augmentation des dettes financières	–
Total des emplois	**2 486 910**	**Total des ressources**	**2 386 480**
Variation du FRNG (ressource nette)		Variation du FRNG (emploi net)	**100 430**

(1) Aux augmentations données dans le tableau des immobilisations, il faut déduire les avances et acomptes (150 000)
(2) Il faut déduire les intérêts courus
(3) 378 910 + 100 000 (crédit-bail)
(4) 42 000 + 75 000 (prêts)
(5) 130 000 + 32 500 (prime d'émission)
(6) On utilise la relation : $D_N = D_{N-1} + A - R$ avec :

D_N = (1 080 590 – 138 000) + (176 100 – 4 000) + 300 000 (CB) = 1 414 690
D_{N-1} = (520 000 – 80 000) + 108 000 + 400 000 (CB) = 948 000
R = 378 910 + 100 000 = 478 910
Donc A = 945 600

– Deuxième partie

Variation du fonds de roulement net global (exercice N)	Besoins (1)	Dégagement (2)	Solde (2 – 1)
Variations « Exploitation »			
Variation des actifs d'exploitation			
Stock et en cours	73 000		
Avances et acomptes versés sur commandes	170 000		
Créances clients, comptes rattachés et autres créances d'exploitation (1)	76 800		
Variation des dettes d'exploitation			
Avances et acomptes reçus sur commandes en cours	20 000		
Dettes fournisseurs, comptes rattachés et autres dettes d'exploitation (2)		177 940	
Totaux	**339 800**	**177 940**	

Variation du fonds de roulement net global (exercice N)	Besoins (1)	Dégagement (2)	Solde (2 – 1)
A. Variation nette « Exploitation »			**– 161 860**
Variations « Hors exploitation » Variation des autres débiteurs [2] Variation des autres créditeurs [3]		30 000 170 990	
Totaux	**0**	**200 990**	
B. Variation nette « Hors exploitation »			**+ 200 990**
TOTAL A + B : **Besoin de l'exercice en fonds de roulement** ou **Dégagement net de fonds de roulement**			**+ 39 130**
Variations « Trésorerie » Variation des disponibilités Variation des concours bancaires courants et soldes créditeurs de banque [4]	26 700	88 000	
Totaux	**26 700**	**88 000**	
C. Variation nette « Trésorerie »			**+ 61 300**
Variation du fonds de roulement net global (TOTAL A + B + C) **Emploi net** ou **Ressource nette**			**100 430**

	N–1	N
Créances clients	982 000	998 900
Autres	135 000	170 600
Charges constatées d'avances	56 000	43 300
Effets escomptés et non échus	50 000	80 000
Écart de conversion		1 000
Total	1 223 000	1 299 800

[2] 30 000 + 3 000 (intérêts courus) – 63 000

[3] Il faut tenir compte des intérêts courus (4 000)

[4] Il faut tenir compte des effets escomptés et non échus ([138 000 + 80 000] – [80 000 + 5 000] = 88 000)

CHAPITRE 6 Les tableaux de flux de trésorerie

Évaluer les savoirs

❶ Quiz

1. Faux. L'EBE et la CAF sont des flux de fond ou flux potentiels de trésorerie car ils tiennent compte des variations de stocks qui n'ont pas d'effet sur le niveau de la trésorerie et de certains produits et charges qui n'ont pas encore été encaissés ou décaissées. À l'inverse, ces soldes ne tiennent pas compte des produits et charges de N–1 encaissés ou décaissées en N.

2. Vrai. L'excédent de trésorerie d'exploitation (ETE) est un indicateur de performance mais également un indicateur du risque de défaillance de l'entreprise car il est plus sensible aux variations d'activité que l'excédent brut d'exploitation (EBE) et il permet de reconnaître l'effet de ciseau, qui se traduit par des difficultés financières pour l'entreprise.

3. Faux. Pour calculer l'ETE selon la méthode Encaissements / Décaissements, il ne faut pas tenir compte des variations de stocks de marchandises et de matières. En effet, l'ETE tient compte du financement des nouveaux stocks. Il faut donc partir exclusivement des achats de l'exercice (et non des achats consommées ou revendus).

4. Faux. La notion d'activité est plus large que la notion d'exploitation car elle inclut notamment les charges et produits financiers, les charges et produits exceptionnels (hors cessions), la participation et l'impôt sur les sociétés.

❷ Fractionnement du BFR

Indiquez pour chaque poste du bilan s'il relève du BFR lié à l'activité, aux opérations d'investissement ou de financement.

Postes	BFR lié à l'activité	BFR lié aux opérations d'investissement	BFR lié aux opérations de financement
Avances et acomptes versés sur commandes	X		
Capital souscrit appelé, non versé			X
VMP	X sauf si VMP assimilées à des disponibilités		
Charges constatées d'avance	X		
Dettes fiscales et sociales	X		
Dettes diverses	X		
Intérêts courus sur emprunts	X		
Produits constatés d'avance	X		
Dettes sur immobilisations		X	

Postes	BFR lié à l'activité	BFR lié aux opérations d'investissement	BFR lié aux opérations de financement
Créances diverses	X Sauf créances sur cessions d'immobilisation	X Créances sur cessions d'immobilisation	
Avances et acomptes reçus sur commandes	X		
Intérêts courus sur prêts	X		

❸ Fractionnement de Δ BFR

1. Calculez Δ BFRE, Δ BFRHE et Δ BFR conformément au PCG.

- Δ BFRE = BFRE(N) – BFRE(N–1) = (4 000 + 500 + 6 400 – 140 – 1 450) – (3 800 + 450 + 6 500 – 150 – 1 280) = 9 310 – 9 320 = – 10
- Δ BFRHE = BFRHE(N) – BFRHE(N–1) = (1 000 + 640 + 460 – 20 – 30 – 45) – (150 + 410 + 300 – 100 – 25 – 10) = 2 005 – 725 = + 1 280
- Δ BFR= – 10 + 1 280 = + 1 270

2. Détaillez la variation du BFR en calculant la variation du BFR lié à l'activité, la variation du BFR lié aux opérations d'investissement et la variation du BFR lié aux opérations de financement.

- Δ BFR lié à l'activité = Δ Stocks et créances liées à l'activité – Δ Dettes liées à l'activité
  - Δ Stocks et créances liées à l'activité

Stocks et créances liées à l'activité	N	N–1
Stocks	4 000	3 800
Avances et acomptes versés	500	450
Créances clients	6 400	6 500
Autres créances diverses	640	410
VMP	460	300
Total	12 000	11 460

Δ = 12 000 – 11 460 = + 540

  - Δ Dettes liées à l'activité

Dettes liées à l'activité	N	N–1
Avances et acomptes reçus	140	150
Dettes fournisseurs	1 450	1 280
Intérêts courus	30	25
Autres dettes diverses	45	10
Total	1 665	1 465

Δ = + 200

- D'où Δ BFR lié à l'activité = 540 – 200 = + 340

- Δ BFR lié aux opérations d'investissement = Δ Créances sur immobilisations – Δ Dettes sur immobilisations = – 150 – (– 80) = – 70
- Δ BFR lié aux opérations de financement = Δ Capital souscrit appelé, non versé = 1 000 – 0 = + 1 000
- Δ BFR total = 340 – 70 + 1 000 = + 1 270

Maîtriser les compétences

❹ Mini-cas : Caf-Ete, excédent de trésorerie d'exploitation

Compétence attendue

Construire un tableau de flux de trésorerie : **calculer** l'excédent d'exploitation

Calculez l'excédent de trésorerie d'exploitation (ETE) de deux façons différentes.

- Calcul de l'ETE à partir des encaissements et décaissements d'exploitation
  - Encaissements :

	Ventes TTC : 1 501 × 1,20	1 801,20
+	Créances d'exploitation fin N–1	405
–	Créances d'exploitation fin N	– 505
=	Total	1 701,20

  - Décaissements :

	Achats de marchandises TTC : 200 × 1,20	240
+	Achats de MP TTC : 400 × 1,20	480
+	Autres achats et charges externes : (100 + 115) × 1,20 + 115	373
+	Impôts, taxes, etc.	20
+	Charges de personnel	340
+	TVA due en N : 1 501 × 0,20 – (200 + 400 + 100 + 115) × 0,20	137,20
+	Dettes d'exploitation fin N–1	128
–	Dettes d'exploitation fin N	– 150
=	Total	1 568,20

On obtiendrait le même résultat en considérant les postes pour leur montant HT et en ignorant la TVA à décaisser de l'exercice N.

  - ETE = 1 701,20 – 1 568,20 = 133 k€

- Calcul de l'ETE à partir de l'EBE

	Total des produits d'exploitation sauf Autres produits et Reprises d'exploitation : 1 521 – 20	1 501
–	Total des charges d'exploitation sauf Autres charges et Dotations d'exploitation : 1 400 – 130	– 1 270

=	EBE	231
–	Δ BFRE	- 98
=	ETE	133

❺ Mini-cas : Caf-Ete, flux net de trésorerie lié à l'activité

Compétence attendue

Construire un tableau de flux de trésorerie : **calculer** le flux net de trésorerie lié à l'activité

À partir des informations données dans le mini-cas 4, calculez le flux net de trésorerie lié à l'activité de deux façons différentes.

- Calcul à partir des encaissements et décaissements liés à l'activité

	ETE	133
+	Produits financiers sauf Reprises	12
+	Créances diverses fin N–1	150
–	Créances diverses fin N	- 140
–	Charges financières sauf Dotations	- 70
–	Participation des salariés	- 3
–	Impôts sur les bénéfices	- 28
–	Dettes diverses fin N–1	- 17
+	Dettes diverses fin N	10
=	Flux de trésorerie généré par l'activité	47

Il ne faut pas tenir compte des produits de cession car ils ne relèvent pas de l'activité.

- Calcul à partir de la CAF

CAF = 30 + 130 + 10 – 8 – 20 = 142

Flux de trésorerie lié à l'activité = CAF – Δ BFR lié à l'activité = 142 – 95 = 47 k€

Les opérations d'exploitation au sens strict dégagent une trésorerie de 133 000 € en N (ETE). L'activité ne dégage que 47 000 € de trésorerie en N. Les intérêts sur emprunts sont particulièrement élevés et expliquent principalement l'écart entre les deux résultats.

❻ Mini-cas : Caf-Eté, flux nets de trésorerie

Compétence attendue

Construire un tableau de flux de trésorerie : **calculer** le flux net de trésorerie lié aux opérations d'investissement • **calculer** le flux net de trésorerie lié aux opérations de financement

1. Calculez le flux net de trésorerie lié aux opérations d'investissement.

	Cessions d'immobilisations (PCEA)	8
–	Acquisitions d'immobilisations	– 500
–	Δ décalages de paiement sur achats / ventes d'immobilisations	0
=	Flux de trésorerie liée aux opérations d'investissement	– 492

2. Calculez le flux net de trésorerie lié aux opérations de financement.

	Augmentation de capital : 600 – 500	100
+	Nouvelles subventions d'investissement	0
+	Augmentation des dettes financières	380
–	Réduction de capital	0
–	Dividendes distribués : 40 + 70 – 90	– 20
–	Remboursement des dettes financières $D_N = 400 + 180 = 580$ $D_{N-1} = 200 + 100 = 300$ A = 380 On a : 580 = 300 + 380 – R D'où R = 300 + 380 – 580 = 100	– 100
–	Δ décalages de paiement sur augmentation de capital	0
=	Flux de trésorerie liée aux opérations de financement	360

NOTRE CONSEIL

Le calcul des flux de trésorerie sur opérations d'investissement et de financement est beaucoup plus rapide si la première partie du tableau de financement de l'exercice N est donnée dans l'énoncé car ce tableau regroupe les flux de fond (flux de trésorerie potentielle). La CAF y apparaît (trésorerie potentielle dégagée par l'activité courante) ; les achats et cessions d'immobilisations y figurent sans tenir compte des décalages de paiement associés (Δ Créances sur cessions d'immobilisations et Δ Dettes sur immobilisations) ; les augmentations de capital y figurent sans tenir compte des décalages de paiement associés (Δ CSANV).

3. Contrôlez vos résultats et commentez rapidement.

- D'après les bilans, on a : Δ T = Δ TA – Δ TP = (50 + 15 – 80 – 70) – (0 – 0) = – 85 k€
- D'après nos calculs de flux de trésorerie, on a :

	Flux de trésorerie liée à l'activité	47
+	Flux de trésorerie liée aux opérations d'investissement	– 492
+	Flux de trésorerie liée aux opérations de financement	360
=	Variation de la trésorerie	– 85

- Commentaire

La trésorerie a baissé globalement de 85 000 € au cours de l'exercice N. L'activité dégage de la trésorerie mais une partie des investissements a été autofinancée. La trésorerie finale reste positive (65 000 € fin N).

7 Mini-cas : Fuxté

Compétence attendue

Construire un tableau de flux de trésorerie

1. Présentez le tableau de flux de trésorerie simplifié.

- Calculs préalables
  - Variation du BFR lié à l'activité

BFR lié à l'activité (N) : (1 420 + 13 230) – (4 130 + 360 + 40) = 10 120

BFR lié à l'activité (N–1) : (1 020 + 11 650) – (4 060 + 270 + 30) = 8 310

Δ BFR lié à l'activité : 10 120 – 8 310 = + 1 810 (augmentation)

  - Variation du BFR lié à l'investissement

Les dettes sur immobilisations constituent une ressource de financement à court terme.

BFR lié à l'investissement (N) : – 800

BFR lié à l'investissement (N–1) : – 750

Δ BFR lié à l'investissement : – 800 – (– 750) = – 50 (diminution du BFR)

  - Variation du BFR lié au financement (capital souscrit et appelé, non versé)

En l'absence de précision, on considérera qu'il n'y a rien dans ce poste.

- Tableau de flux de trésorerie simplifié

ACTIVITÉ		
	Résultat de l'exercice	500
Élimination des charges et produits sans incidence sur la trésorerie ou non liés à l'exploitation		
+	Dotations aux amortissements, dépréciations et provisions	2 600
+	Valeur comptable des éléments d'actif cédés	500
–	Reprises sur dépréciations et provisions	– 400
–	Produits des cessions d'éléments d'actif	– 180
–	Quote-part des subventions d'investissement virée au résultat	– 100
=	**CAF**	2 920
Incidence de la variation des décalages de trésorerie sur opérations d'exploitation		
–	Variation du BFR lié à l'activité	– 1 810
	Flux net de trésorerie lié à l'activité (A)	**+ 1 110**
INVESTISSEMENT		
–	Acquisitions d'immobilisations	
	Incorporelles	– 1 500
	Corporelles	– 6 600
	Financières	– 1 600
+	Cessions d'immobilisations	
	Incorporelles	180
	Corporelles	
	Financières	
–	Variation du BFR lié aux opérations d'investissement,,	50
	Flux net de trésorerie lié aux opérations d'investissement (B)	**– 9 470**

FINANCEMENT		
	Augmentations des capitaux propres	5 000
	Augmentation des dettes financières	5 600
–	Dividendes versés	– 400
–	Remboursements d'emprunts	– 2 000
–	Variation du BFR lié aux opérations de financement	0
	Flux net de trésorerie lié aux opérations de financement (C)	**+ 8 200**
VARIATION DE TRÉSORERIE (A + B + C)		**– 160**
Trésorerie d'ouverture		325
Trésorerie de clôture		165

- Vérification : Δ T = TA – TP
  - à la clôture de l'exercice N : 585 – 420 = 165
  - à l'ouverture de l'exercice N : 580 – 255 = 325

Δ T = 165 – 325 = – 160

2. Présentez le tableau de flux de trésorerie de l'OEC (option 1).

- Calculs préalables
  - Amortissements et provisions :

L'OEC considère les dotations nettes des reprises sur dépréciations des actifs circulants comme des charges décaissables. On a :

Dotations nettes des reprises de l'exercice : 2 600 – 400 = 2 200

Dotations nettes des reprises sur actif circulant : 220 – 20 = 200

Donc montant du tableau = 2 000

  - Variation du BFR lié à l'activité (on considère les postes pour leur montant net) :

Tous les postes du tableau, sauf les dettes sur immobilisations, relèvent de l'activité courante.

Δ BFR lié à l'activité = (1 200 + 13 200 – 4 130 – 400) – (1 020 + 11 600 – 4 060 – 300) = + 1 610

  - Variation des dettes sur immobilisations : 800 – 750 = + 50. Cette variation est à considérer avec un signe (+) car elle réduit la dépense liée aux immobilisations.

- Tableau de flux de trésorerie de l'OEC (option 1)

ACTIVITÉ (option 1)		
	Résultat net	500
+	Amortissements, dépréciations et provisions	2 000
–	Résultat sur cession d'immobilisations : 180 – 500	320
–	Quote-part des subventions d'investissement virée au résultat	– 100
=	Marge brute d'autofinancement	2 720
–	Variation du BFR lié à l'activité	– 1 610
	Flux net de trésorerie lié à l'activité (A)	**+1 110**

INVESTISSEMENT		
	Cessions d'immobilisations incorporelles	0
+	Cessions d'immobilisations corporelles	180
+	Cessions ou réductions d'immobilisations financières	0
–	Acquisitions d'immobilisations incorporelles	– 1 500
–	Acquisitions d'immobilisations corporelles	– 6 600
–	Acquisitions d'immobilisations financières	– 1 600
+	Variation des créances et dettes sur immobilisations	50
	Flux net de trésorerie lié aux opérations d'investissement (B)	**– 9 470**
FINANCEMENT		
	Augmentation de capital	5 000
+	Augmentation des dettes financières	5 600
+	Subventions d'investissement	0
–	Remboursement des dettes financières	– 2 000
–	Dividendes versés	– 400
–	Variation du capital souscrit non appelé	0
	Flux net de trésorerie lié aux opérations de financement (C)	**+ 8 200**
VARIATION DE LA TRÉSORERIE (A+B+C)		**– 160**
Trésorerie d'ouverture		325
Trésorerie de clôture		165

- Trésorerie
  - À la clôture : 585 – 420 = 165
  - À l'ouverture : 580 – 255 = 325
  - Variation : – 160

3. Présentez le tableau de flux de trésorerie GEODE de la Banque de France.

ACTIVITÉ		
	CAHT et autres produits d'exploitation : 30 000 + 160	30 160
–	Variation « clients » et autres créances d'exploitation : 13 230 – 11 650	– 1 580
=	Encaissements sur produits d'exploitation [a]	28 580
	Achats et autres charges d'exploitation : 4 000 + 8 000 + 6 600 + 400 + 6 800	25 800
–	Variation « fournisseurs » et autres dettes d'exploitation : (4 130 + 360) – (4 060 + 270)	– 160
=	Décaissements sur charges d'exploitation [b]	25 640
	Flux de trésorerie d'exploitation [a] – [b]	**2 940**

+	Flux liés aux opérations hors exploitation	240
–	Charges d'intérêts	– 1 840
–	Impôts sur les bénéfices décaissés : 160 + 30 – 40	– 150
–	Flux affecté à la participation des salariés	– 80
–	Distribution mise en paiement	– 400
=	**Flux de trésorerie interne A**	**710**
	INVESTISSEMENT	
	Investissement d'exploitation hors production immobilisée : 1 500 + 6 600	8 100
+	Acquisitions de participations et titres immobilisés	1 600
+	Variation des autres actifs immobilisés hors charges à répartir	0
–	Subventions d'investissements reçues	0
–	Variation des dettes sur immobilisations : 800 – 750	– 50
–	Encaissements sur cessions d'immobilisations	– 180
=	**Flux lié aux investissements I**	**9 470**
FINANCEMENT		
=	Augmentation ou réduction du capital	5 000
–	Variation des créances sur capital appelé non versé	0
=	Flux lié au capital [c]	5 000
	NOUVEAUX EMPRUNTS	5 600
	dont nouveaux engagements de location-financement	0
–	REMBOURSEMENTS D'EMPRUNTS	– 2 000
=	Variation des emprunts [d]	3 600
+	Variation de la trésorerie passif [e] : 420 – 255	165
	Flux lié au financement [c] + [d] + [e] = F	**8 765**
VARIATION DE LA TRÉSORERIE ACTIF (A – I + F)		**5**
VARIATION DE LA TRÉSORERIE NETTE (A – I + F – e)		– 160

Préparer l'épreuve

8 Cas pratique : Palas

Compétence attendue

Construire un tableau de flux de trésorerie

Décryptage des compétences

Le candidat doit être capable :
- de construire un tableau de flux de trésorerie selon les méthodes indiquées ;
- de justifier un ou plusieurs éléments du tableau, de conduire et de rédiger un diagnostic à partir des tableaux de flux.

1. Calculez la variation du besoin en fonds de roulement d'exploitation (Δ BFRE).

Δ BFRE = Δ Stocks + Δ Créances d'exploitation – Δ Dettes d'exploitation

- Calcul de Δ Stocks
  - Variation des stocks de marchandises : $S_i - S_f = 20$, d'où $S_f - S_i = -20$ (diminution)
  - Variation des stocks d'approvisionnement : $S_i - S_f = -10$, d'où $S_f - S_i = +10$ (augmentation)
  - Δ Stocks = – 10
- Δ BFRE = – 10 + 130 – (– 20) = 140

2. Calculez la variation du besoin en fonds de roulement (Δ BFR).

Δ BFR = Δ BFRE + Δ BFRHE = 140 + 5 = 145

3. Calculez l'excédent de trésorerie d'exploitation (ETE) de deux façons différentes.

- Calcul à partir de l'EBE : ETE = EBE – Δ BFRE

	Ventes de marchandises	1 425
–	Coût d'achat	– 420
=	Marge commerciale	1 005
–	Consommation de l'exercice en provenance des tiers	– 200
=	Valeur ajoutée	805
–	Impôts, taxes en versements assimilés	– 12
–	Charges de personnel	– 500
=	EBE	293
–	Δ BFRE	– 140
=	ETE	153

- Calcul à partir des encaissements et décaissements TTC

	Ventes de marchandises TTC : 1 425 × 1,20	1 710
–	Achats des marchandises vendues TTC : 400 × 1,20	– 480
–	Autres achats et services extérieurs : 210 × 1,20	– 252
–	Impôts, taxes et versements assimilés	– 12
–	Charges de personnel	– 500
–	TVA à décaisser : (1 425 – 610) × 0,20	– 163
–	Variation des créances d'exploitation	– 130
+	Variation des dettes d'exploitation	– 20
=	ETE	153

4. Calculez le flux net de trésorerie généré par l'activité (FNTA).

FNTA = CAF – Δ BFR

	Résultat de l'exercice	92
+	DADP	100
+	VCEAC	14
–	Reprises	– 10
–	Produits des cessions	– 18
–	Quote-part des subventions	– 15
=	CAF	163
–	Δ BFR	– 145
=	FNTA	18

❾ Cas pratique : Gracie

Compétences attendues

- **Identifier** le rôle de la trésorerie dans le risque de défaillance
- **Construire** un tableau de flux de trésorerie
- **Conduire** un diagnostic à partir des tableaux de flux

1. Expliquez en quoi l'analyse de la trésorerie est un moyen particulièrement pertinent pour évaluer la performance de l'entreprise et son risque de défaillance.

L'analyse de la trésorerie est un indicateur particulièrement objectif de la performance de l'entreprise puisque la variation de trésorerie n'est influencée :

- ni par les conventions comptables plus ou moins arbitraires (amortissements, provisions, etc.) ;
- ni par l'évaluation des stocks.

Cet indicateur élimine les effets des différences de méthodes comptables. Par conséquent, les comparaisons inter-entreprises en sont facilitées.

Il n'est pas nécessaire d'attendre l'inventaire des stocks, le calcul des amortissements et des provisions pour connaître les variations de trésorerie. Une évaluation périodique (mensuelle, voire hebdomadaire) de la variation de la trésorerie d'exploitation (ETE) permet un contrôle continu des performances financières de l'entreprise.

L'analyse de la trésorerie est un élément important de la prévention des défaillances des entreprises : une surveillance régulière des variations de trésorerie alerte sur les risques de cessation de paiement des entreprises. En effet, la trésorerie est très rapidement affectée par les variations d'activité : la baisse des ventes entraîne rapidement des difficultés de trésorerie alors que l'EBE n'en est pas immédiatement affecté (en cas de mévente, la production stockée se substitue à la production vendue dans le calcul de l'EBE).

En outre, une entreprise fortement bénéficiaire peut connaître des difficultés de trésorerie si la variation du BFRE a été supérieure à l'EBE (cas où ETE < 0). Ainsi, la variation de trésorerie d'exploitation renseigne les responsables sur les difficultés éventuelles qui seraient dues à une croissance du BFRE supérieure à l'EBE. Elle montre les limites apportées à une politique de croissance par l'effet de ciseaux.

2. Vérifiez la CAF (PCG) et calculez la CAF retraitée.

- CAF (PCG), en k€

CAF = 310 + 1 138 + 192 + 298 – 1 439 – 2 = 497

- CAF retraitée, en k€

Redevance annuelle de crédit-bail : 107 × 4 = 428

Retraitement :

- Dotation CB = 1 500 / 5 = 300
- Intérêts CB = 428 – 300 = 128

CAF retraitée = 497 + 300 = 797

3. À partir des annexes 1 à 3, présentez le tableau de flux de trésorerie simplifié.

- Calculs préalables
  - Δ BFR (PCG)

Δ BFR = – 894 (diminution)

Cette variation du BFR ne tient pas compte des EENE qu'il faut rajouter aux « Clients » (et aux CBC), ce qui augmente la Δ BFR :

Δ BFR après retraitement = Δ BFR (PCG) + Δ EENE = – 894 + (198 – 153) = – 849

- Δ BFR lié à l'activité

Il faut exclure la variation des dettes sur immobilisations et tenir compte des EENE.

Δ Dettes sur immobilisations : – 28 – 0 = – 28

Δ BFR lié à l'activité = – 849 – (– 28) = – 821

- Δ BFR lié à l'investissement : – 28
- Remboursements de dettes financières

La société est supposée avoir emprunté 1 500 k€ et rembourser 300 k€ par an.

Remboursements de dettes financières retraités = 184 + 300 = 484

- Tableau de flux de trésorerie simplifié (exercice N)

ACTIVITÉ	
CAF	797
– Variation du BFR lié à l'activité	+ 821
Flux net de trésorerie lié à l'activité (A)	**+ 1 618**
INVESTISSEMENT	
– Acquisitions d'immobilisations	
Incorporelles	– 14
Corporelles	– 152
Financières	0
+ Cessions d'immobilisations	
Incorporelles	0
Corporelles	10
Financières	0
– Variation du BFR lié aux opérations d'investissement	+ 28
Flux net de trésorerie lié aux opérations d'investissement (B)	**– 128**

FINANCEMENT		
	Augmentations des capitaux propres : 200 + 40	240
	Augmentation des dettes financières	290
–	Dividendes versés	– 20
–	Remboursements d'emprunts	– 484
–	Variation du BFR lié aux opérations de financement	0
	Flux net de trésorerie lié aux opérations de financement (C)	**+ 26**
VARIATION DE TRÉSORERIE (A + B + C)		**1 516**

- Vérification de la variation de trésorerie

La variation de trésorerie obtenue dans le tableau est retraitée. Pour vérifier ce résultat à partir de la variation de trésorerie donnée par la deuxième partie du tableau de financement, il faut retraiter cette dernière :

Trésorerie retraitée = 1 561 – (198 – 153) = 1 516

4. Commentez vos résultats.

- L'activité

L'activité a généré un flux net de trésorerie important. D'une part, la CAF de l'exercice N peut être qualifiée d'importante ; d'autre part, la société a beaucoup réduit son BFRE grâce à une diminution importante des créances clients.

- L'investissement

La société a peu investi en N, ce qui peut avoir des conséquences négatives à moyen et long terme sur son outil de production et sa compétitivité.

On constate également très peu de cessions. L'exercice N est neutre sur le plan de la politique d'investissement.

- Le financement

Les nouveaux financements (augmentation des capitaux propres et nouvelles dettes financières) compensent les sorties de fonds qui consistent essentiellement en remboursements d'emprunts.

- Conclusion

Malgré la diminution du chiffre d'affaires (– 16,31 %), la société a réussi à redresser sa situation financière et redevient bénéficiaire. Si certaines charges sont bien maîtrisées, on observe une augmentation inquiétante des charges de personnel (+ 13,10 %).

La situation de la trésorerie s'est fortement améliorée fin N et on peut penser que le risque de défaillance est écarté à court terme, mais la société doit rester vigilante. Elle doit surveiller son BFR (qui ne peut pas diminuer davantage), continuer à contrôler ses charges (en particulier les charges de personnel) et investir pour préserver sa compétitivité.

⑩ Cas pratique : Electra

Compétences attendues

- **Distinguer** tableau de financement et tableau de flux de trésorerie
- **Construire** un tableau de flux de trésorerie
- **Conduire** un diagnostic à partir des tableaux de flux
- **Conduire** un diagnostic financier à partir de données financières
- **Proposer** une conclusion générale à un diagnostic financier

1. Calculez la CAF.

	Résultat de l'exercice	815 000
+	Dotations : 482 500 + 5 000 + 44 000 + 20 000 + 2 000	553 500
+	VCEAC	22 500
–	Reprises	– 1 000
–	PCEA : 40 350 + 10 000	– 50 350
–	Quote-part de subvention virée au résultat : 120 000 – 90 000	– 30 000
=	CAF	1 309 650

2. Quels sont les points communs et les différences entre un tableau de financement et un tableau de flux de trésorerie ?

- Les points communs entre un tableau de financement et un tableau de flux de trésorerie sont :
  - le calcul de la variation de la trésorerie ;
  - une analyse dynamique basée sur l'étude de flux au cours d'un exercice comptable.
- Les différences entre un tableau de financement et un tableau de flux de trésorerie proviennent :
  - d'une étude des flux de fonds pour le tableau de financement (analyse de l'évolution de l'équilibre financier avec le calcul de Δ FRNG, Δ BFR et Δ T) contre des flux de trésorerie pour le tableau de flux de trésorerie (analyse détaillée de Δ T) ;
  - le PCG prévoit un modèle de tableau de financement mais aucun modèle concernant le tableau de flux de trésorerie.

3. Présentez le tableau des flux de trésorerie simplifié (sans détailler la CAF).

- Calculs préalables
  - Δ BFR lié à l'activité

BFR lié à l'activité (N) : (1 412 000 + 506 000 + 832 000 + 8 000) – (643 000 + 165 000 + 5 100) = 1 944 900

BFR lié à l'activité (N–1) : (925 000 + 456 000 + 678 000 + 4 000) – (434 000 + 122 000 + 10 000) = 1 497 000

Δ BFR lié à l'activité : + 447 900

- Δ BFR lié à l'investissement

Les dettes sur immobilisations constituent une ressource de financement et doivent être considérées avec un signe (–) : 0 – (– 32 000) = + 32 000

- Δ BFR lié au financement (capital souscrit et appelé, non versé)

40 000 – 0 = 40 000

Acquisitions d'immobilisations :

- Frais d'établissement : 630 000 – 600 000 = 30 000
- Brevets : 240 000 – 200 000 = 40 000
- Terrains : 1 490 000 – 1 000 000 = 490 000
- Constructions : ni acquisition, ni cession
- Installations techniques, matériel… : 950 000 + X – 140 000 = 1 160 000 ⇒ X = 350 000
- Autres immobilisations corporelles (mobilier) : 170 000 + X – 45 000 = 200 000 ⇒ X = 75 000

Total des acquisitions d'immobilisations corporelles : 490 000 + 350 000 + 75 000 = 915 000

Autres participations : 140 000 – 120 000 = 20 000

Prêts : 48 000 + X – 20 000 = 32 000 ⇒ X = 4 000

Augmentation de capital

Augmentation du compte capital : 2 600 000 + 148 000 – 2 200 000	548 000
– Incorporation de réserves	– 180 000
	368 000

Remboursement de dettes financières

Remboursement de dettes financières = 194 000 (dettes à moins d'un an, fin N–1)

Augmentation des dettes financières : 226 000 + 186 000 – 15 000 + X – 194 000 = 295 000 + 100 400 – 94 000 ⇒ X = 98 400

- Tableau de flux de trésorerie simplifié (exercice N)

ACTIVITÉ		
	CAF	1 309 650
–	Variation du BFR lié à l'activité	– 447 900
	Flux net de trésorerie lié à l'activité (A)	**+ 861 750**
INVESTISSEMENT		
–	Acquisitions d'immobilisations	
	Incorporelles : 30 000 + 40 000	– 70 000
	Corporelles	– 915 000
	Financières : 20 000 + 4 000	– 24 000
+	Cessions d'immobilisations	
	Incorporelles	0
	Corporelles	50 350
	Financières	20 000
–	Variation du BFR lié aux opérations d'investissement	– 32 000
	Flux net de trésorerie lié aux opérations d'investissement (B)	**– 970 650**
FINANCEMENT		
	Augmentations des capitaux propres	368 000
	Augmentation des dettes financières	98 400
–	Dividendes versés	– 300 000
–	Remboursements d'emprunts	– 194 000
–	Variation du BFR lié aux opérations de financement	– 40 000
Flux net de trésorerie lié aux opérations de financement (C)		**– 67 600**
VARIATION DE TRÉSORERIE (A + B + C)		**– 176 500**
Trésorerie d'ouverture		103 500
Trésorerie de clôture		– 73 000

- Vérification

Trésorerie à l'ouverture (fin N–1) = 118 500 – 15 000 = 103 500

Trésorerie à la clôture (fin N) = 9 000 + 12 000 – 94 000 = – 73 000

4. Établissez le tableau de flux de trésorerie de l'OEC (en partant du résultat de l'exercice). Commentez.

ACTIVITÉ (option 1)		
	Résultat de l'exercice	815 000
+	Amortissements, dépréciations et provisions (sauf AC) (1)	507 400
–	Plus-values de cession : 50 350 – 22 500	– 27 850
–	Quote-part des subventions d'investissement virée au résultat : 120 000 – 90 000	– 30 000
=	Marge brute d'autofinancement	1 264 650
–	Variation du BFR lié à l'activité (2)	– 404 900
	Flux net de trésorerie lié à l'activité (A)	**+ 859 750**
INVESTISSEMENT		
	Cessions d'immobilisations incorporelles	0
+	Cessions d'immobilisations corporelles	50 350
+	Cessions ou réductions d'immobilisations financières	20 000
–	Acquisitions d'immobilisations incorporelles	– 70 000
–	Acquisitions d'immobilisations corporelles	– 915 000
–	Acquisitions d'immobilisations financières	– 24 000
–	Variation du BFR lié à l'investissement	– 32 000
	Flux net de trésorerie lié aux opérations d'investissement (B)	**– 970 650**
FINANCEMENT		
	Augmentation de capital	368 000
–	Dividendes versés	– 300 000
+	Augmentation des dettes financières	98 400
–	Remboursement des dettes financières	– 194 000
+	Subventions d'investissement reçues	0
–	Variation du BFR lié au financement	– 40 000
	Flux net de trésorerie lié aux opérations de financement (C)	**– 67 600**

VARIATION DE LA TRÉSORERIE (A+B+C)	**– 178 500**
Trésorerie d'ouverture : 118 500 – 15 000	103 500
Trésorerie de clôture : 12 000 + 7 000 – 94 000 (dont montant net des VMP : 7 000)	– 75 000

(1) On rajoute les DADP nettes des reprises sauf celles relatives à l'actif circulant :
DADP nettes des reprises : 482 500 + 5 000 + 44 000 + 20 000 + 2 000 – 1 000 = 552 500
DADP nettes des reprises sur actif circulant (actifs des bilans) : 158 000 – 113 000 = 45 000
Montant à mettre dans le tableau : 552 500 – 45 000 = 507 500
(2) La variation du BFR lié à l'activité est calculée à partir des montants nets :
Stocks : (1 364 000 + 475 000) – (893 000 + 426 000) = + 520 000
Créances liées à l'activité : (755 000 + 8 000) – (627 000 + 4 000) = 132 000
Dettes liées à l'activité : (643 000 + 165 000 + 5 100) – (434 000 + 122 000 + 10 000) = + 247 100
⇒ BFR lié à l'activité = 520 000 + 132 000 – 247 100 = 404 900

On constate que l'exercice a dégagé une marge d'autofinancement confortable, mais la trésorerie potentielle correspondante a été amputée par une augmentation importante de la variation du BFR lié à l'activité.

Le flux de trésorerie disponible restant est insuffisant pour financer le montant net des investissements réalisés au cours de l'exercice. Ces investissements, d'un montant élevé, consistent essentiellement en immobilisations corporelles, ce qui traduit une stratégie de développement interne.

Les opérations de financement ne s'équilibrent pas tout à fait. Les nouvelles ressources (augmentation de capital et augmentation des dettes financières) ne permettent pas de faire face aux décaissements (dividendes et remboursements d'emprunts). Il en résulte un déficit de trésorerie au niveau du financement.

En conséquence, on aboutit à une détérioration significative de la trésorerie globale devenue négative à la fin de l'exercice.

5. Établissez le tableau des flux de trésorerie de la Banque de France. Les CBC sont momentanés. Commentez.

ACTIVITÉ		
	CAHT et autres produits d'exploitation : 5 947 500 + 14 000	5 961 500
–	Variation « clients » et autres créances d'exploitation : 832 000 – 678 000	– 154 000
=	Encaissements sur produits d'exploitation [a]	5 807 500
	Achats et autres charges d'exploitation : 3 053 400 + 312 000 + 66 000 + 890 000 + 441 100	4 762 500
–	Variation « fournisseurs » et autres dettes d'exploitation : (643 000 + 165 000) – (434 000 + 122 000)	– 252 000
=	Décaissements sur charges d'exploitation [b]	4 510 500
Flux de trésorerie d'exploitation [a] – [b]		**1 297 000**
+	Flux liés aux opérations hors exploitation : [36 850 – (8 000 – 4 000)] – [11 200 – (5 100 – 10 000)]	16 750
–	Charges d'intérêts	– 55 250
–	Impôt sur les bénéfices décaissé	– 347 000
–	Flux affecté à la participation des salariés	– 49 750

–	Distribution mise en paiement	– 300 0000
=	**Flux de trésorerie interne A**	**561 750**
INVESTISSEMENT		
	Investissement d'exploitation hors production immobilisée : 915 000 + 40 000	955 000
+	Acquisitions de participations et titres immobilisés	0
+	Variation des autres actifs immobilisés hors charges à répartir : 30 000 + 24 000	54 000
–	Subventions d'investissements reçues	0
–	Variation des dettes sur immobilisations	32 000
–	Encaissements sur cessions d'immobilisations	– 70 350
=	**Flux lié aux investissements I**	**970 650**
FINANCEMENT		
=	Augmentation ou réduction du capital	368 000
–	Variation des créances sur capital appelé non versé	– 40 000
=	Flux lié au capital [c]	328 000
	NOUVEAUX EMPRUNTS : (295 000 – 94 000 + 100 400) – (226 000 – 15 000 + 186 000) + 194 000	98 400
	dont nouveaux engagements de location-financement	0
–	REMBOURSEMENTS D'EMPRUNTS	– 194 000
=	Variation des emprunts [d]	– 95 600
+	Variation de la trésorerie passif [e]	79 000
Flux lié au financement [c] + [d] + [e] = F		**311 400**
VARIATION DES DISPONIBILITÉS		**– 97 500**
–	Variation disponibilités	– 106 500
+	Variation valeurs mobilières de placement	9 000
+	Variation avances de trésorerie aux groupes et associés	0
VARIATION DE LA TRÉSORERIE ACTIF (A – I + F)		**– 97 500**
VARIATION DE LA TRÉSORERIE NETTE (A – I + F – e)		– 160

Le flux de trésorerie obtenu de l'exploitation est positif et conséquent. Mais les flux hors exploitation ont contribué à le réduire de manière importante et le solde est trop faible pour financer la totalité des investissements réalisés.

Les investissements réalisés sont d'un montant élevé et relatifs à l'exploitation. Une petite partie des immobilisations a été financée grâce à quelques cessions.

De nouvelles ressources de financement ont été apportées par une augmentation de capital et, dans une moindre mesure, par de nouveaux emprunts. Leur montant total net des remboursements dégage une trésorerie nettement positive mais insuffisante pour combler le manque constaté plus haut.

Au total, on observe une nette diminution des disponibilités et de l'actif de trésorerie.

1 Hexagone

1. *Établissez le tableau des SIG du PCG.*

Produits		Charges		Soldes intermédiaires de l'exercice	
(Colonne 1)	N	(Colonne 2)	N	(Colonne 1 – Colonne 2)	N
Ventes de marchandises	2 060 000	Coût d'achat des marchandises vendues	950 000	Marge commerciale	1 110 000
Production vendue	920 000				
Production stockée	72 000	ou Déstockage de production			
Production immobilisée					
Total	992 000	Total		Production de l'exercice	992 000
Production de l'exercice	992 000	Consommation de l'exercice en provenance des tiers : 260 000 – 45 000 + 480 000	695 000		
Marge commerciale	1 110 000				
Total	2 102 000	Total	695 000	Valeur ajoutée	1 407 000
Valeur ajoutée	1 407 000	Impôts, taxes et versements assimilés	19 000		
Subventions d'exploitation	1 000	Charges de personnel : 710 000 + 370 000	1 080 000		
Total	1 408 000	Total	1 099 000	Excédent brut (ou insuffisance brute) d'exploitation	309 000
Excédent brut d'exploitation	309 000	ou Insuffisance brute d'exploitation			
Reprise sur amortissements, dépréciations et provisions et transfert de charges	19 000	Dotations aux amortissements, dépréciations et provisions	218 000		
Autres produits	3 000	Autres charges			
Total	331 000	Total	218 000	Résultat d'exploitation (bénéfice ou perte)	113 000
Résultat d'exploitation	113 000	ou Résultat d'exploitation			

Produits		Charges		Soldes intermédiaires de l'exercice	
Quotes-parts de résultat / op. faites en commun		Quotes-parts de résultat / op. faites en commun			
Produits financiers	6 000	Charges financières	74 000		
Total	119 000	Total	74 000	Résultat courant avant impôts (bénéfice ou perte)	45 000
Produits exceptionnels	51 000	Charges exceptionnelles	12 000	Résultat exceptionnel (bénéfice ou perte)	39 000
Résultat courant avant impôts	45 000	ou Résultat courant avant impôts			
Résultat exceptionnel	39 000	ou Résultat exceptionnel			
		Participation des salariés			
		Impôts sur les bénéfices	24 000		
Total	84 000	Total	24 000	Résultat de l'exercice (bénéfice ou perte)	60 000
Produits des cessions d'éléments d'actif	11 000	Valeur comptable des éléments cédés	12 000	Plus-values et moins-values sur cessions d'éléments d'actif	– 1 000

2. *Quels sont les points communs et les différences entre un tableau de financement et un tableau de flux de trésorerie ?*

- Les points communs entre un tableau de financement et un tableau de flux de trésorerie sont :
  - le calcul de la variation de la trésorerie ;
  - une analyse dynamique basée sur l'étude de flux au cours d'un exercice comptable.
- Les différences entre un tableau de financement et un tableau de flux de trésorerie proviennent :
  - d'une étude des flux de fonds pour le tableau de financement (analyse de l'évolution de l'équilibre financier avec le calcul de Δ FRNG, Δ BFR et Δ T) contre des flux de trésorerie pour le tableau de flux de trésorerie (analyse détaillée de Δ T) ;
  - le PCG prévoit un modèle de tableau de financement mais aucun modèle concernant le tableau de flux de trésorerie.

NOTRE CONSEIL

Pensez à contrôler vos calculs dès le résultat d'exploitation : Résultat d'exploitation = Total des produits d'exploitation – total des charges d'exploitation = 3 075 000 – 2 962 000 = 113 000

3. *Établissez le tableau de financement.*

- Première partie

Emplois		Ressources	
Distribution mises en paiement au cours de l'exercice	29 000	Capacité d'autofinancement de l'exercice : 60 000 + 211 000 + 7 000 – 19 000 – 51 000 + 12 000	220 000
Acquisition d'éléments de l'actif immobilisé :		Cessions ou réductions d'éléments de l'actif immobilisé :	

Emplois		Ressources	
Immobilisations incorporelles Immobilisations corporelles Immobilisations financières Charges à répartir sur plusieurs exercices Réduction des capitaux propres Remboursements de dettes financières [2]	20 000 1 960 000 10 000	Cessions d'immobilisations : – incorporelles – corporelles Cessions ou réduction d'immobilisations financières Augmentation des capitaux propres : Augmentation de capital : (700 000 + 200 000 + 10 000 +12 000 + 48 000) – 489 000 + 29 000 Augmentation des autres capitaux propres : 160 000 + 40 000 Augmentation des dettes financières : (1 064 000 – 110 000 – 3 800) – (60 000 – 200) + 10 000	 11 000 21 000 510 000 200 000 900 400
Total des emplois	**2 019 000**	**Total des ressources**	**1 862 400**
Variation du FRNG (ressource nette)		Variation du FRNG (emploi net)	**156 600**

- Deuxième partie

Variation du fonds de roulement net global	Besoins (1)	Dégagement (2)	Solde (2 – 1)
Variations « Exploitation »			
Variation des actifs d'exploitation			
Stock et en cours	97 000		
Avances et acomptes versés sur commandes			
Créances clients, comptes rattachés et autres créances d'exploitation : (153 000 + 1 000) – (112 000 + 10 000 + 5 000)	27 000		
Variation des dettes d'exploitation			
Avances et acomptes reçus sur commandes en cours			
Dettes fournisseurs, comptes rattachés et autres dettes d'exploitation : (168 000 + 40 000 – 12 000 + 52 000) – (105 000 + 35 000 – 8 000 + 70 000)		46 000	
Totaux	**124 000**	**46 000**	
A. Variation nette « Exploitation »			**– 78 000**
Variations « Hors exploitation »			
Variation des autres débiteurs			
Variation des autres créditeurs : (12 000 + 50 000 + 3 800) – (8 000 + 200)		57 600	
Totaux	**0**	**57 600**	
B. Variation nette « Hors exploitation »			**+ 57 600**
TOTAL A + B : **Besoin de l'exercice en fonds de roulement** ou **Dégagement net de fonds de roulement**			**– 20 400**

Variation du fonds de roulement net global	Besoins (1)	Dégagement (2)	Solde (2 – 1)
Variations « Trésorerie »			
Variation des disponibilités : 1 000 – (17 000 + 51 000)		67 000	
Variation des concours bancaires courants et soldes créditeurs de banque [(4)]		110 000	
Totaux	**0**	**177 000**	
C. Variation nette « Trésorerie »			**+ 177 000**
Variation du fonds de roulement net global (TOTAL A + B + C) **Emploi net** ou **Ressource nette**			**156 600**

4. *Présentez le tableau de flux de trésorerie de l'OEC.*

ACTIVITÉ		
	Résultat net	60 000
+	Amortissements, dépréciations et provisions (à l'exclusion des dépréciations sur actif circulant) : 211 000 – 16 000	195 000
+	Valeur comptable des éléments d'actif cédés	12 000
–	Produits de cessions d'éléments d'actif	– 11 000
–	Quote-part des subventions d'investissement virée au résultat	– 40 000
=	Marge brute d'autofinancement	216 000
–	Variation du besoin en fonds de roulement lié à l'activité [(1)]	– 65 400
	Flux net de trésorerie lié à l'activité (A)	**150 600**
	INVESTISSEMENT	
	Cessions d'immobilisations	11 000
+	Réductions d'immobilisations financières	12 000
–	Acquisitions d'immobilisations	– 1 980 000
–	Variation du besoin en fonds de roulement lié à l'investissement : – (– 50 000 – 0)	50 000
	Flux net de trésorerie lié aux opérations d'investissement (B)	**– 1 898 000**
	FINANCEMENT	
	Augmentation ou réduction de capital	510 000
–	Dividendes versés	– 29 000
+	Augmentation des dettes financières	900 400
–	Remboursement des dettes financières	– 10 000
+	Subventions d'investissement reçues	200 000
–	Variation du besoin en fonds de roulement lié au financement	
	Flux net de trésorerie lié aux opérations de financement (C)	**1 571 400**

BFR lié à l'activité (N) = (393 000 – 1 000) – (168 000 + 40 000 + 52 000 + 3 800) = 128 200

BFR lié à l'activité (N–1) = (340 000 – 16 000 – 51 000) – (105 000 + 35 000 + 70 000 + 200) = 62 800

Δ BFR lié à l'activité = 128 000 – 62 800 = 65 400

ACTIVITÉ **VARIATION DE LA TRÉSORERIE (A+B+C)**	– 176 000
Trésorerie d'ouverture : 16 000 + 51 000	67 000
Trésorerie de clôture : 1 000 – 110 000	– 109 000

5. *Expliquez la différence entre la capacité d'autofinancement et la marge brute d'autofinancement.*

- CAF (PCG) = 220 000 €
- CAF (OEC) = MBA = 216 000 €

L'OEC assimile les dotations aux dépréciations sur stocks et créances (nettes de reprises) à des charges décaissables. De ce fait, la CAF de l'OEC (appelée marge brute d'autofinancement) est généralement plus faible que la CAF du PCG.

6. *Calculez les ratios suivants, en distinguant les ratios relatifs à l'activité de ceux relatifs à la structure financière : taux de marge commerciale, part de la valeur ajoutée revenant aux prêteurs, aux salariés, taux de profitabilité brute et taux de profitabilité, ratio d'autonomie financière et capacité de remboursement des dettes financières.*

- Ratios analysant l'activité et la profitabilité

Taux de marge commerciale	$\frac{\text{Marge commerciale}}{\text{Ventes de marchandises}}$ = 1 110 000 / 2 060 000 =53,88 %
Taux de profitabilité brute (ou taux de marge brute)	$\frac{\text{EBE}}{\text{CAHT}}$ = 309 000 / 2 980 000 = 10,37 %
Taux de profitabilité (ou taux de marge bénéficiaire)	$\frac{\text{Résultat de l'exercice}}{\text{CAHT}}$ = 60 000 / 2 980 000 = 2,01 %
Répartition de la valeur ajoutée (VA) entre ses bénéficiaires	• $\frac{\text{Charges de personnel + Participation}}{\text{VA}}$ = 1 080 000 / 1 407 000 = 76,76 % • $\frac{\text{Charges d'intérêts}}{\text{VA}}$ = 72 000 / 1 407 000 = 5,12 %

- Ratios analysant la structure financière

Ratio d'autonomie financière	$\frac{\text{Dettes financières}}{\text{Capitaux propres}}$ = (1 064 000 – 110 000 – 3 800) / 1 190 000 = 79,85 %
Capacité de remboursement des dettes financières	$\frac{\text{Dettes financières}}{\text{CAF}}$ = 950 200 / 220 000 = 4,31

7. *Analysez l'évolution de la situation financière de l'entreprise au cours de l'exercice N.*

- Analyse de l'activité et des résultats

L'entreprise Hexagone exerce une activité commerciale et de services.

Sa performance commerciale semble acceptable (taux de marge commerciale supérieure à 50 %).

Son taux de profitabilité (2,01 %) est toutefois faible : 100 € de CAHT ne génèrent que 2 € de bénéfice. Cette contreperformance pourrait venir des charges de personnel, qui semblent très conséquentes (77 % de la richesse créée revient au personnel). Il conviendrait d'affiner cette analyse en effectuant des comparaisons dans le temps et dans l'espace.

- Analyse de l'équilibre financier et de l'endettement

Le tableau de financement montre que l'équilibre financier s'est dégradé au cours de l'exercice N : le fonds de roulement net global a diminué (– 156 600 €) tandis que le besoin en fonds de roulement a progressé (+ 20 400 €). L'acquisition massive d'immobilisations est en partie autofinancée, ce qui explique la baisse du FRNG.

En effet, les nouvelles ressources stables externes s'élèvent à 510 000 + 200 000 + 900 400 = 1 610 400 €, tandis que le coût d'achat des immobilisations est de 1 980 000 €.

Le BFR d'exploitation augmente très fortement (+ 78 000 €) du fait d'une progression importante des stocks.

Les dettes envers les fournisseurs d'immobilisations (50 000 €) engendrent une diminution significative du BFRHE.

Finalement, le BFR augmente de 20 400 €.

Ces deux évolutions négatives (baisse du FRNG et hausse du BFR) entraînent une diminution de la trésorerie nette de 177 000 € au cours de l'exercice N.

La trésorerie nette est négative de 109 000 € fin N (1 000 – 110 000). L'entreprise a recours aux CBC et soldes créditeurs de banque pour compléter ses financements.

- Analyse des flux de trésorerie

Le tableau des flux de trésorerie de l'OEC montre que l'activité génère un excédent de trésorerie de 150 600 €.

Le financement des nouvelles immobilisations s'avère insuffisant malgré le recours à un emprunt bancaire et à une augmentation de capital.

La situation de l'entreprise n'est pas inquiétante dans la mesure où cette opération d'acquisitions demeure exceptionnelle. L'entreprise devra surveiller l'évolution de sa trésorerie dans les prochains mois afin de s'assurer que sa stratégie de croissance interne porte ses fruits et que la trésorerie dégagée par l'activité est suffisante pour résorber le CBC.

CHAPITRE 7 La valeur et le temps

Évaluer les savoirs

1 Quiz

1. Vrai. La valeur d'usage varie selon les coutumes qui changent avec le temps.
2. Vrai. Le taux réel tient compte des frais annexes.
3. Vrai. L'inflation ampute tout ou partie des gains obtenus.
4. Vrai. Les intérêts produisent des intérêts pour les périodes suivantes.
5. Vrai. 1 € aujourd'hui peut être placé et valoir plus dans 1 an.
6. Vrai. La valeur acquise augmente avec la durée du placement.
7. Faux. La valeur actuelle est plus faible quand le taux est élevé (inverse de la capitalisation).
8. Vrai. Si la période est le mois on utilise un taux mensuel.
9. Faux. Plus la durée est grande plus la valeur est amputée en cas d'actualisation.
10. Vrai. Pour connaître l'annuité de remboursement il faut faire un calcul d'actualisation.

2 Valeur acquise

1. Calculez la valeur acquise par ce placement à la fin des 3 ans.

Valeur acquise = 15 000 × $(1{,}02)^3$ = 15 918,12 €

2. Trouvez le montant des intérêts de deux façons différentes.

- Intérêts = Valeur acquise – Valeur placée = 918,12 €
- Intérêts = 15 000 × 0,02 + 15 300 × 0,02 + 15 306 × 0,02 = 300 + 306 + 312,12 = 918,12 €

3. Quel est le taux réel de placement si l'inflation est de 1,5 % ?

- Taux réel approximatif : 2 % – 1,5 % = 0,5 %
- Taux réel précis : $1+r=\dfrac{1+t}{1+i}=\dfrac{1{,}02}{1{,}015}=1{,}004926$ d'où t = 1,004926 – 1 = 0,00493 = 0,493 %

3 Valeur actuelle

Calculez la valeur actuelle de cette somme avec un taux de 5 %, puis de 2 %. Commentez.

- Taux de 5 % : $VA_5 = 12\,000 \times (1{,}05)^{-2}$ = 10 884,35 €
- Taux de 2 % : $VA_2 = 12\,000 \times (1{,}02)^{-2}$ = 11 534,03 €

La valeur actuelle est plus faible quand le taux d'actualisation est plus élevé. Au taux de 5 %, il est équivalent d'avoir 10 886,36 € aujourd'hui ou 12 000 € dans deux ans.

Maîtriser les compétences

4 Bulle financière : la crise des *subprimes*

Compétence attendue

Distinguer valeur d'usage, valeur historique et valeur de marché

1. Qu'est-ce qu'une bulle immobilière ou boursière ?

- Bulle financière : Situation dans laquelle le cours des titres augmente fortement et de façon excessive par rapport à la valeur réelle de ces titres. L'éclatement de la bulle se traduit par une baisse rapide des cours donc de la valeur de ces titres.
- Bulle immobilière : Situation d'une augmentation excessive des prix de l'immobilier.

L'apparition des bulles est généralement liée à des comportements spéculatifs.

2. Quelles en sont les conséquences ?

Outre la baisse des titres ou de l'immobilier, l'éclatement des bulles entraîne des faillites, du chômage et une baisse de la croissance.

3. Que peut-on en déduire sur la notion de valeur ?

Dans ce genre de situation, on observe des modifications rapides de la valeur attribuée aux titres (ou aux biens immobiliers), donc une grande volatilité qui illustre la relativité de la valeur. De gros écarts apparaissent entre la valeur historique d'un bien ou d'un titre et sa valeur de marché.

5 Mini-cas : Suite de versements constants, investissement

Compétence attendue

Analyser l'influence du temps sur la valeur et **appréhender** le lien entre valeur et taux d'actualisation

1. De quelle somme disposera-t-il dans 3 ans ? dans 10 ans ?

- Dans 3 ans : $VA_3 = 20000 \times \dfrac{1{,}03^3 - 1}{0{,}03} = 61\,618$ €
- Dans 10 ans : $VA_{10} = 20000 \times \dfrac{1{,}03^{10} - 1}{0{,}03} = 229\,277{,}59$ €

2. Calculez le montant des intérêts dans les deux cas.

- Dans 3 ans : Intérêts produits = VA – ∑ versements = 61 618 – 3 × 20 000 = 1 168 €
- Dans 10 ans : Intérêts produits = 229 277,59 – 10 × 20 000 = 29 277,59 €

6 Mini-cas : Suite de versements constants, emprunt

Compétence attendue

Analyser l'influence du temps sur la valeur et **appréhender** le lien entre valeur et taux d'actualisation

1. Calculez le montant de l'annuité constante si le taux d'intérêt est fixé à 3 %.

- Taux de rendement du prêt t

On a : $20\,000 = 5\,000 \times \frac{1-(1+t)^{-5}}{t}$, d'où $t = 7{,}93$ %

Compte tenu du contexte financier actuel, ce taux paraît élevé.

- Versements correspondant à un taux de 3 %

Soit V le versement constant cherché.

On a : $20\,000 = V \times \frac{1-(1{,}03)^{-5}}{0{,}03}$, d'où $V = 4\,367{,}09$ €

2. Décomposez la première annuité.

- Intérêts = 20 000 × 0,03 = 600 €
- Remboursement = 4 367,09 – 600 = 3 767,09 €

3. Expliquez comment vont évoluer dans le temps les intérêts et les montants remboursés.

Les intérêts vont diminuer d'année en année et la part du versement consacrée au remboursement augmenter.

7 Mini-cas : Suite de versements non constants

> **Compétence attendue**
>
> **Analyser** l'influence du temps sur la valeur et **appréhender** le lien entre valeur et taux d'actualisation

1. Calculez la valeur de ces sommes à la date 0 avec un taux d'actualisation de 3 %.

Les sommes étant différentes, il faut actualiser chacune d'elles séparément.

$VA = 2\,000 \times (1{,}03)^{-1} + 3\,000 \times (1{,}03)^{-2} + 4\,000 \times (1{,}03)^{-3} + 5\,000 \times (1{,}03)^{-4} = 12\,872{,}55$ €

2. Quel taux faut-il retenir pour obtenir un montant de 12 000 € ?

$VA_t = 2\,000 \times (1+t)^{-1} + 3\,000 \times (1+t)^{-2} + 4\,000 \times (1+t)^{-3} + 5\,000 \times (1+t)^{-4} = 12\,000$ €

On obtient $t \approx 5{,}58$ %

Préparer l'épreuve

8 Cas pratique : Choix entre deux placements

> **Compétence attendue**
>
> **Analyser** l'influence du temps sur la valeur et **appréhender** le lien entre valeur et taux d'actualisation

Décryptage des compétences

Le candidat doit être capable :
- de caractériser les différents types de valeurs afin de pouvoir les distinguer en explicitant leurs différences ;
- d'expliciter, dans un contexte donné, le lien entre valeur et taux d'actualisation en vue de conduire une analyse ;
- de calculer un taux actuariel et d'en fournir le sens.

1. Sachant que le taux annuel de l'opération est de 3,2 %, calculez le taux trimestriel proportionnel correspondant.

$t = 3{,}2 / 4 = 0{,}8\ \%$

2. Calculez la valeur acquise par l'ensemble de ces versements pour chaque possibilité.

- Choix 1 : $VA = 6\,000 \times \frac{1{,}032^5 - 1}{0{,}032} = 31\,982{,}43$ €
- Choix 2 : Il y a 20 trimestres et 20 placements de 1 500 €. On adapte la formule en conséquence : $VA = 1\,500 \times \frac{1{,}008^{20} - 1}{0{,}008} = 32\,393{,}26$ €

3. Commentez les résultats obtenus.

La deuxième solution, qui consiste à placer les sommes plus tôt dans le temps, produit logiquement davantage d'intérêts.

9 Cas pratique : Investissement boursier

Compétence attendue

Calculer et **interpréter** un taux actuariel

1. Trouvez le taux auquel le prêt a été conclu.

Soit t le taux du prêt.

$10\,000 = 12\,000 \times (1 + t)^{-5} \Leftrightarrow 10\,000 \times (1 + t)^5 = 12\,000$

$\Leftrightarrow (1 + t)^5 = 1{,}2$

$\Leftrightarrow t = 3{,}71\ \%$

2. Présentez le schéma des flux relatifs à l'opération boursière.

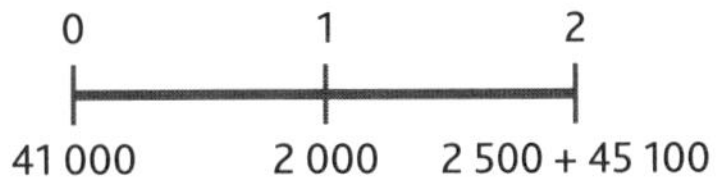

3. Calculez le taux de rendement obtenu grâce à cette opération.

Soit t le taux cherché. On a :

$41\,000 = 2\,000 \times (1 + t)^{-1} + 47\,600 \times (1 + t)^{-2}$

D'où $t \approx 10{,}2\ \%$

CHAPITRE 8

La gestion du besoin en fonds de roulement d'exploitation

Évaluer les savoirs

1 Quiz

1. Vrai. Dans le calcul du coefficient de structure, le dénominateur est toujours le chiffre d'affaires hors taxes (CAHT) car le BFRE normatif est exprimé en jours de CAHT.

2. Faux. $CS = \frac{\text{CA TTC}}{\text{CA HT}} = \frac{\text{CA HT} \times (1 + \text{taux de TVA})}{\text{CA HT}}$ = 1 + taux de TVA (1,20 le plus souvent)

3. Faux. $TE = \frac{(\text{Fournisseurs} + \text{Effets à payer}) \times 360}{\text{Achats TTC}} = \frac{35000 \times 360}{250\,000 \times 1{,}2} = 42$ jours

4. Vrai. $TE = \frac{\text{Stock moyen de marchandises} \times 360}{\text{Coût achat marchandises vendues}}$ avec Stock moyen de marchandises = $\frac{40 + 42}{2} = 41$ et Coût d'achat des marchandises vendues (en k€) = Achats de marchandises + SI – SF = 480 + 40 – 42 = 478. Donc $TE = \frac{41 \times 360}{478} = 30{,}88$ jours

5. Faux. Coût d'achat des matières premières consommées = 160 000 + 12 000 = 172 000.
$CS = \frac{\text{Coût d'achat des MP consommées}}{\text{CA HT}}$ = 172 000 / 560 000 = 0,307

6. Faux. Optimiser le BFRE consiste à réduire les temps d'écoulement et les coefficients de structure des stocks et créances clients (emplois) mais à augmenter ceux des dettes fournisseurs (ressources).

2 Société Strak

À partir des informations données en annexe, la société Strak vous demande de calculer les durées d'écoulement et les coefficients de structure relatifs aux postes listés.

- Stock de matières premières

$$TE = \frac{\text{Stock moyen} \times 360}{\text{Coût des matières premières utilisées}} = \frac{300000 \times 360}{6350000 - 950000} = 20 \text{ jours}$$

$$CS = \frac{6350 - 950}{20000} = 0{,}27$$

- Stock de produits finis

$$TE = \frac{\text{Stock moyen} \times 360}{\text{Coût de production des produits vendus}} = \frac{480000 \times 360}{4200000 + 80000} = 40{,}37 \text{ jours}$$

$$CS = \frac{4200 + 80}{20000} = 0{,}214$$

- Stock de marchandises

$$TE = \frac{\text{Stock moyen} \times 360}{\text{Coût d'achat des marchandises vendus}} = \frac{100000 \times 360}{3600000 \times 0{,}4} = 25 \text{ jours}$$

$$CS = \frac{3600 \times 0{,}4}{20000} = 0{,}072$$

Maîtriser les compétences

3 Mini-cas : Eddy

Compétence attendue

Déterminer le BFRE normatif

1. Déterminez le BFRE normatif de cette entreprise en utilisant la méthode directe.

		Montant moyen du poste (en k€)	En jours de CAHT
Besoins	Stocks de marchandises	$\frac{4800 + 3000 + 1500 + 3500 + 5800}{5} = 3\,720$	$\frac{3720 \times 360}{14500} = 92{,}36$
Besoins	Créances clients	$\frac{2600 + 5500 + 3000 + 3000 + 3100}{5} = 3\,440$	$\frac{3440 \times 360}{14500} = 85{,}41$
Ressources	Dettes fournisseurs	$\frac{1700 + 600 + 600 + 1500 + 2000}{5} = 1\,280$	$\frac{1280 \times 360}{14500} = -\,31{,}78$
		BFRE moyen = 5 880 €	**BFR normatif = 145,99 jours de CAHT**

Le BFRE normatif s'élève à 146 jours de CAHT.

2. Quel a été son BFRE maximal en fin de trimestre au cours de l'exercice N ?

	Début N	31/03/N	30/06/N	30/09/N	31/12/N
BFRE (Stocks + Clients – Fournisseurs	5 700	7 900	3 900	5 000	6 900

D'après ce tableau, c'est à la fin du premier trimestre que le BFRE était maximal (7 900 €, contre un BFRE moyen de 5 880 €).

Seul le BFRE moyen doit être financé par des ressources stables. La trésorerie de l'entreprise sera sans doute négative autour du 31/03 et du 31/12.

3. En N+1, de quelles ressources stables cette société devra-t-elle disposer ? Comparez votre résultat aux ressources stables de fin N.

En N+1, le CAHT devrait augmenter de 15 %. Il faudra financer par des ressources stables :

- les immobilisations brutes, soit 10 000 € ;
- le BFRE moyen, soit 14 500 × 1,15 × 146 / 360 = 5 880 × 1,15 = 6 763 €.

Soit un total de ressources stables nécessaires de 16 663 €.

Fin N, les ressources stables s'élèvent à 7 500 + 2 660 + 2 040 + 1 900 – 900 + 2 000 (amortissements) = 15 200 €.

Il y a donc un manque de ressources stables de 16 663 – 15 200 = 1 463 € pour l'exercice à venir. Le BFRE moyen ne sera pas financé en totalité début N+1, exposant l'entreprise à des problèmes de trésorerie récurrents. L'équilibre financier n'est pas respecté car l'entreprise est sous-capitalisée.

4 Mini-cas : Temps d'écoulement

Compétence attendue

Déterminer le BFRE normatif

Déterminez le temps d'écoulement dans chacune des situations.

- Clients
  - Règlement à 30 jours

TE = 30 jours

  - Paiement à 45 jours fin de mois

TE = (75 + 45) / 2 = 15 + 45 = 60 jours

- Stocks de marchandises
  - Les marchandises sont vendues tout au long du mois. Tous les achats du mois sont vendus le mois même.

TE = (30 + 0) / 2 = 15 jours

- Fournisseurs
  - Paiement à 30 jours fin de mois, le 5 du mois suivant

TE = (65 + 35) / 2 = 15 + 30 + 5 = 50 jours

  - Paiement à raison de 30 % à 30 jours et 70 % à 60 jours

TE = 30 × 0,3 + 60 × 0,7 = 51 jours

- TVA
  - Paiement le 18 du mois suivant

TE = (48 + 18) / 2 = 15 + 18 = 33 jours

5 Mini-cas : Société industrielle de Bretagne

Compétences attendues

- **Déterminer** le BFRE normatif
- **Analyser** le besoin en fonds de roulement au vu des éléments variables (postes de stocks, de créances clients, de dettes fournisseurs et de TVA)

1. Quel est le BFRE normatif de l'entreprise ?

On considérera les postes dans l'ordre du bilan en commençant par ceux de l'actif.

- Stock de matières premières :
  - TE = 25 jours
  - CS = 10 080 000 / 24 000 000 = 0,42
- Stock de produits finis :
  - TE = 48 jours
  - CS = 15 400 000 / 24 000 000 = 0,642
- Clients :
  - Durée moyenne de crédit : (60 + 30) / 2 = 45 jours (ou 15 + 30)
  - CS : 1,20
- Fournisseurs :
  - Durée de crédit : (70 + 40)/2 = 55 jours (ou 15 + 30 + 10)
  - CS : 9 600 000 × 1,20 / 24 000 000 = 0,48
- TVA à décaisser :
  - TE = (52 + 22) / 2 = 37 jours (ou 15 + 22)
  - CS = (24 000 000 – 9 600 000) × 0,20/24 000 000 = 0,12
- Tableau récapitulatif

Postes	TE	CS	Postes en jours de CAHT	
			Actif	Passif
Stock de matières premières	25	0,42	10,50	
Stock de produits finis	48	0,642	30,82	
Clients	45	1,20	54	
Fournisseurs	55	0,48		26,40
TVA à décaisser	37	0,12		4,44
Total			95,32	30,84
BFRE normatif en jours de CAHT			95,32 – 30,84 = 64,48 jours de CAHT	

2. Calculer le BFRE moyen prévisionnel si on prévoit un CAHT de 28 000 000 € pour l'exercice N+1.

S'il n'y a pas de changement dans les conditions d'activité (durée du cycle de production, crédit clients et crédit fournisseurs) :

$$\text{BFRE moyen en N+1} = \frac{28000000 \times 64,48}{360} = 5\,015\,111 \text{ €}$$

Préparer l'épreuve

6 Cas pratique : Kamy

Compétences attendues

- **Déterminer** le BFRE normatif
- **Analyser** le besoin en fonds de roulement au vu des éléments variables (postes de stocks, de créances clients, de dettes fournisseurs et de TVA)

1. Calculez le BFRE normatif de l'année N (on ne tiendra pas compte du poste « TVA à décaisser »).

Chiffre d'affaires = 500 × 6 000 = 3 000 k€

Postes	TE	CS	TE × CS
Stock MP	15	540 / 3 000 = 0,18	2,7
Stock PF	20	(540 + 1 080) / 3 000 = 0,54	10,8
Clients	0 × 0,30 + 30 × 0,7 = 21	1,20	25,20
Fournisseurs	30	(540 × 1,20) / 3 000 = 0,216	– 6,48
		BFRE	32,22

Le BFRE représente 32,22 jours de CAHT.

2. Calculez les BFRE moyens prévisionnels de N à N+4.

	N	N + 1	N + 2 à N+4
CAHT	3 000	4 000	5 000
BFRE moyen (en k€)	266,7	355,6	444,4

7 Cas pratique : SISO

Compétences attendues

- **Déterminer** le BFRE normatif
- **Analyser** le besoin en fonds de roulement au vu des éléments variables (postes de stocks, de créances clients, de dettes fournisseurs et de TVA)
- **Proposer** des recommandations en matière de gestion du besoin en fonds de roulement, dans une situation donnée ou prévisionnelle simple

1. Effectuez le calcul demandé (en nombre de jours de CAHT et en % du CAHT).

	TE	CS	TE × CS
Stock de matières premières	20	0,4	8
Stock de produits finis	15	0,4 + 0,3 + 0,12 + 0,03 = 0,85	12,75
Clients	15 + 30 + 5 = 50	1,20	60
Fournisseurs de matières premières	60	0,4 × 1,20 = 0, 48	- 28,80
TVA à décaisser	15 + 22 = 37	$\frac{\text{TVA collectée} - \text{TVA déductible}}{\text{CAHT}}$ $= \frac{\text{CAHT} \times 0,20 - (0,4 + 0,12)\text{CAHT} \times 0,20}{\text{CAHT}}$ = 0,096	- 3,56
BFRE normatif (en jours de CAHT)			48,39

2. Le CAHT prévisionnel N+1 s'élève à 32 000 000 €. Évaluez le besoin en fonds de roulement correspondant.

$$\frac{32000 \times 48,39}{360} = 4\ 301,333 \text{ k€}$$

3. La société étudie des mesures destinées à réduire son BFRE. Le crédit clients serait ramené à 30 jours et les autres charges d'exploitation ne représenteraient plus que 8 % du CAHT. Calculez le nouveau besoin en fonds de roulement normatif et déterminez son montant pour l'exercice N+1 au cas où ces mesures seraient prises.

Plusieurs postes sont touchés par la modification envisagée :

- Clients
  - Diminution du TE de 20 jours
  - CS inchangé

Réduction du poste : 20 × 1,20 = 24

- TVA à décaisser
  - TE = 37 inchangé
  - CS : diminution égale à 0,04 × 0,20 = 0,008

Réduction du poste : 37 × 0,008 = 0,3

- Stock de produits finis
  - TE = 15 (inchangé)
  - CS : diminution de 0,04

Réduction du poste : 15 × 0,04 = 0,6

- Réduction totale : 24,90 jours
  - Nouveau BFRE normatif = 48,39 – 24,90 = 23,49 jours de CAHT
  - Prévision pour N+1 : $\frac{32000 \times 23,49}{360} = 2\ 088$ k€

❽ Cas pratique : Zirca

Compétences attendues

- **Déterminer** le besoin en fonds de roulement d'exploitation normatif
- **Analyser** le besoin en fonds de roulement au vu des éléments variables (postes de stocks, de créances clients, de dettes fournisseurs et de TVA)
- **Proposer** des recommandations en matière de gestion du besoin en fonds de roulement, dans une situation donnée ou prévisionnelle simple

1. Calculez le BFRE normatif par la méthode des experts-comptables.

- Stock de matières premières
  - SI – SF = – 200 donc SI = 2 500 et SF = 4 000. Stock moyen = 3 275
  - $TE = \frac{600 \times 360}{2800} = 77{,}14$
  - $CS = \frac{2800}{14000} = 0{,}2$
- Stock de produits finis
  - SI – SF = 1 450 donc SI = 500 et SF = 700. Stock moyen = 600
  - $TE = \frac{3275 \times 360}{13000} = 90{,}69$
  - $CS = \frac{13000}{14000} = 0{,}93$
- Clients
  - $TE = \frac{70 + 40}{2} = 55$
  - CS = 1,20
- Fournisseurs
  - $TE = \frac{60 + 30}{2} = 45$
  - $CS = \frac{3000 \times 1{,}20}{14000} = 0{,}257$
- TVA déductible
  - $TE = \frac{55 + 25}{2} = 40$
  - $CS = \frac{(3000 + 1500) \times 0{,}20}{14000} = 0{,}064$
- TVA collectée
  - TE = 40
  - CS = 0,20
- Salaires
  - $TE = \frac{30}{2} = 15$
  - $CS = \frac{4500}{14000} = 0{,}32$

- Charges sociales
  - $TE = \frac{40 + 10}{2} = 25$
  - $CS = \frac{1800}{14000} = 0{,}13$
- Tableau récapitulatif

Postes	TE	CS	Postes en jours de CAHT	
			Actif	Passif
Stock de matières premières	77,14	0,2	15,43	
Stock de produits finis	90,69	0,93	84,34	
Clients	55	1,20	66	
TVA déductible	40	0,064	2,56	
Fournisseurs	45	0,257		11,56
TVA collectée	40	0,20		8
Salaires	15	0,32		4,80
Charges sociales	25	0,13		3,25
Total			168,33	27,61
BFRE			140,72 jours de CAHT	

2. Calculez le montant du BFRE moyen en N et vérifiez la cohérence avec le FR.

$$\frac{14000 \times 140{,}72}{360} = 5\ 472{,}444 \text{ k€}$$

FRNG = 8 000 + 6 000 = 14 000 k€

On constate que le fonds de roulement est insuffisant par rapport au BFRE moyen, ce qui explique les problèmes récurrents de trésorerie.

3. Proposez des solutions pour optimiser le BFRE de cette entreprise.

Il semble que le stock de produits finis et les créances clients soient excessifs. Des actions tendant à réduire ces postes devraient être entreprises.

CHAPITRE 9

Les projets d'investissement

Évaluer les savoirs

1 Quiz

1. **Vrai.** Il s'agit d'un projet concernant le futur.
2. **Vrai.** L'impôt est un flux négatif.
3. **Faux.** Les frais annexes HT (installation, formation...) font partie de l'investissement.
4. **Faux.** Il est préférable de la prendre en compte mais elle est difficile à estimer.
5. **Vrai.** La TVA est déductible et n'a pas à être financée.
6. **Vrai.** On se limite aux flux importants et prévisibles.
7. **Faux.** On tient compte des proportions des divers financements à LT.
8. **Vrai.** La rentabilité doit être au moins égale au coût du capital.
9. **Faux.** Les dotations sont une charge calculée qui ne sort pas de l'entreprise.
10. **Vrai.** Voir le cours.
11. **Vrai.** Le financement est pris en compte par le biais du taux d'actualisation.

2 Capital investi

Calculez le montant investi.

Toutes les sommes indiquées sont à considérer pour trouver le montant total investi.

On a : C_i = 10 000 + 260 000 + 80 000 + 9 000 = 359 000 €

3 Variation du BFRE

1. Sachant qu'en N le CAHT s'élève à 1 000 000, calculez les variations du BFRE.

	N	N+1	N+2	N+3	N+4
CAHT	1 000 000	1 200 000	1 500 000	1 600 000	1 600 000
BFRE	83 333	100 000	125 000	133 333	133 333
Δ BFRE	–	16 667	8 333	8 333	–

2. Précisez de quelle façon ces variations seront prises en compte dans les calculs.

Les augmentations sont considérées comme un montant investi au début de chaque année concernée. À la fin de la durée d'investissement, les sommes investies dans les augmentations de BFRE sont supposées être récupérées et s'ajoutent au dernier flux de trésorerie.

Maîtriser les compétences

❹ Flux de trésorerie nets générés par un projet

Compétences attendues

- **Identifier** et **distinguer** les différents types d'investissement
- **Calculer** les flux prévisionnels caractérisant un projet à partir des capacités d'autofinancement d'exploitation et des flux patrimoniaux

1. De quel d'investissement s'agit-il ?

Il s'agit d'un investissement de capacité permettant d'augmenter les immobilisations et le chiffre d'affaires de l'entreprise.

Les informations données ne permettent pas de préciser s'il s'agit d'une simple expansion ou d'une diversification.

2. Chiffrez le capital investi et calculez les flux nets de trésorerie générés par le projet (de deux façons différentes).

C_i = 600 000 + 950 000 + 650 000 = 2 200 000 €

- Premier calcul : Flux net = Résultat net + Dotations (en k€). Taux d'IS : 28 %.

		1	2 à 5
	Marge sur coûts variables	900	1 800
–	Charges fixes	600	990
=	EBE	300	810
–	Dotations	– 210	– 210
=	Résultat brut	90	600
–	IS	25,2	168
=	Résultat net	64,8	432
+	Dotations	210	210
=	Flux nets	274,8	642

- Deuxième calcul : Flux net = Recettes – Dépenses (en k€)
  - Année 1 : 300 – 25,2 = 274,8
  - Années 2 à 4 : 810 – 168 = 642
  - Année 5 : 642 + 100 (valeur résiduelle) = 742

3. On apprend que le BFRE est estimé à 36 jours de CAHT (1 an = 360 jours). Sachant que les variations de BRE seront récupérées au terme de la durée retenue, calculez le montant de ces variations puis modifiez les flux en conséquence.

L'augmentation du chiffre d'affaires entraîne celle du BFRE. En principe, les fonds finançant cette augmentation vont être immobilisés pendant la durée d'exploitation. Par conséquent, ces fonds font partie du montant investi.

• Calcul des variations

Le BFRE est estimé à 36 jours de CAHT ou encore à 10 % du CAHT (1 an = 360 jours).

	1	2	3	4	5
BFRE	300	600	600	600	600
Δ BFRE	300	300	–	–	–

• Modification des flux

En général, on considère que les augmentations du BFRE interviennent au début de l'exercice. La première s'ajoute au montant investi ; la suivante se retranche du flux de l'exercice 1.

	0	1	2	3	4	5
Flux initiaux	– 2 200	274,8	642	642	642	742
Flux corrigés	– 2 500	– 325,2	–	–	–	1 342*

* 742 + 2 × 300 = 1 342

❺ Développement de l'activité

Compétences attendues

- **Analyser** une décision d'investissement au-delà du simple calcul financier à l'aide de critères de sélection non financiers
- **Argumenter** un choix entre plusieurs projets qui respectent le niveau d'acceptation fixé *a priori*

1. Citez des critères non financiers susceptibles d'influencer une décision d'investissement.

- Le niveau de risque : en cas de projet nouveau, le risque d'échec doit être évalué.
- L'impact sur l'environnement : niveau des émissions des gaz à effets de serre, le degré de recyclage des déchets, les nuisances sonores, etc.
- La flexibilité du projet : peut-on étaler sa réalisation si nécessaire ? Peut-on réduire ou augmenter sa taille ?
- L'image de l'entreprise à moyen ou long terme.
- La fiabilité technique des matériaux ou des matériels utilisés.
- Etc.

2. Détaillez les avantages et inconvénients de chaque projet.

	Avantages	Inconvénients
Projet 1	• Technique bien maîtrisée • Personnel technique et commercial déjà formé	• Offre non renouvelée • Image classique voire dépassée • Rentabilité future non assurée

▶

	Avantages	Inconvénients
Projet 2	• Rentabilité meilleure en cas de succès • Image plus dynamique • Capacité d'adaptation de l'entreprise renforcée	• Risque d'échec • Nouveaux approvisionnements à trouver • Nécessité de former le personnel à de nouveaux outils • Nouveaux débouchés à trouver

Préparer l'épreuve

6 Flux et EBE

Compétences attendues

- **Calculer** les flux prévisionnels caractérisant un projet à partir des capacités d'autofinancement d'exploitation et des flux patrimoniaux
- **Déterminer** les différents critères financiers de sélection de projet d'investissement

Décryptage des compétences

Le candidat doit, pour le calcul des flux de trésorerie prévisionnels caractérisant un projet établi, procéder en deux étapes :

– déterminer les capacités d'autofinancement d'exploitation prévisionnelles, avec prise en compte de l'impôt ;

– calculer les encaissements et décaissements prévisionnels liés aux flux patrimoniaux (investissement, variations du besoin en fonds de roulement d'exploitation, valeur résiduelle).

Il doit être capable de justifier le choix d'un taux d'actualisation en fonction de critères d'acceptabilité du projet tels que le coût du capital. Les critères non financiers peuvent inclure des approches sociales et environnementales (RSE).

1. Calculez les flux d'exploitation nets d'IS attendus du projet.

		1	2	3	4	5
	EBE	75 000	75 000	90 000	90 000	75 000
–	Dotations	– 60 000	– 60 000	– 60 000	– 60 000	– 60 000
=	Résultat brut d'exploitation	15 000	15 000	30 000	30 000	15 000
–	IS	4 200	4 200	8 400	8 400	4 200
=	Résultat net	10 800	10 800	21 600	21 600	10 800
+	Dotations	60 000	60 000	60 000	60 000	60 000
=	Flux nets d'exploitation	70 800	70 800	81 600	81 600	70 800

2. Montrez que ces flux sont égaux à l'EBE après déduction de l'IS. Concluez sur l'impact des dotations aux amortissements sur les flux attendus du projet.

On remarque que les amortissements sont retirés pour trouver le résultat, puis rajoutés pour calculer les flux. Il est donc possible de ne pas les prendre en compte et de dire que Flux nets d'exploitation = EBE – IS.

		1	2	3	4	5
	EBE	75 000	75 000	90 000	90 000	75 000
–	IS	4 200	4 200	8 400	8 400	4 200
=	Flux nets d'exploitation	70 800	70 800	81 600	81 600	70 800

Les dotations aux amortissements n'interviennent qu'au niveau de l'impôt. Elles diminuent le résultat imposable, donc l'IS à payer (l'IS est diminué de 28 % de la dotation). En dehors de cet impact fiscal, les dotations n'ont pas d'influence sur les flux générés par le projet.

3. Définissez trois critères permettant de choisir un projet d'investissement. Précisez l'intérêt et les limites de chacun d'eux.

- La VAN consiste à ramener l'ensemble des flux de trésorerie générés par le projet à sa date d'investissement (en les actualisant). Le projet est acceptable si la VAN est positive.
  - Intérêt : la VAN montre la création de valeur attendue du projet.
  - Limite : la VAN ne permet pas de comparer des projets de taille différente.
- Le taux de rendement interne (TRI) est le taux pour lequel il y a égalité entre les flux actualisés et le montant investi. Le projet est acceptable si le TRI est supérieur au taux exigé par l'entreprise (en principe, coût du capital).
  - Intérêt : le TRI permet de comparer plusieurs projets.
  - Limite : le résultat est parfois en contradiction avec celui donné par la VAN.
- Le délai de récupération du capital investi (DR) correspond à la durée nécessaire pour récupérer le montant investi, les flux de trésorerie étant actualisés. On retient le projet dont le DR est le plus faible.
  - Intérêt : le DR permet de réduire l'incertitude en repérant les projets qui présentent le moins de risques.
  - Limite : le projet retenu n'est pas forcément le plus rentable.

4. Déterminez si le projet est créateur de valeur.

On estime qu'il y a création de valeur si la VAN actualisée au coût du capital est positive. Dans ce cas, la société couvre le coût du financement, récupère le montant investi et dégage un surplus qui peut être considéré comme un enrichissement.

$VAN = 70\,800 \times (1{,}054)^{-1} + 70\,800 \times (1{,}054)^{-2} + 81\,600 \times (1{,}054)^{-3} + 81\,600 \times (1{,}054)^{-4} + 70\,800 \times (1{,}054)^{-5} - 300\,000 = 21\,141{,}73$ €

La VAN est positive. Si les prévisions sont correctes, on peut parler de création de valeur.

❼ Projet d'investissement

Compétences attendues

- **Calculer** les flux prévisionnels caractérisant un projet à partir des capacités d'autofinancement d'exploitation et des flux patrimoniaux
- **Déterminer** les différents critères financiers de sélection de projet d'investissement
- **Analyser** une décision d'investissement au-delà du simple calcul financier à l'aide de critères de sélection non financiers

1. Calculez les flux nets de liquidités attendus du projet (taux de l'IS : 28 %).

- $F_0 = C_i = -900$
- Flux annuels :

		1	2 à 4
	CAHT	900	1 200
–	Charges variables	– 360	– 480
–	Charges fixes	– 300	– 300
–	Dotations	– 180	– 180
=	Résultat avant impôts	60	240
	Résultat net	43,2	172,8
	Flux nets de liquidités	223,2	352,8

- $F_5 = 352{,}8 + 10 = 362{,}8$

2. Calculez la VAN, le TRI, l'indice de profitabilité et le délai de récupération, sachant que le taux de rentabilité minimum exigé est de 8 %. Concluez.

- VAN

$$\text{VAN} = 223{,}2 \times (1{,}08)^{-1} + 352{,}8 \times (1{,}08)^{-2} + 352{,}8 \times (1{,}08)^{-3} + 352{,}8 \times (1{,}08)^{-4} + (352{,}8 + 10) \times (1{,}08)^{-5} - 900 = 395{,}43\ €$$

- TRI

$$900 = 223{,}2 \times (1 + x)^{-1} + 352{,}8 \times (1 + x)^{-2} + 352{,}8 \times (1 + x)^{-3} + 352{,}8 \times (1 + x)^{-4} + (352{,}8 + 10) \times (1 + x)^{-5}$$ d'où TRI = 22,36 %

- IP

$$\text{IP} = \frac{223{,}2 \times 1{,}08^{-1} + 352{,}8 \times 1{,}08^{-2} + 352{,}8 \times 1{,}08^{-3} + 352{,}8 \times 1{,}08^{-4} + 362{,}8 \times 1{,}08^{-5}}{900} = 1{,}44$$

- DR

Terme du calcul	Flux actualisés à 8 % cumulés
Au bout de 2 ans	509,14
Au bout de 3 ans	789,06
Au bout de 4 ans	1048,59

On voit que le délai de récupération est compris entre 3 et 4 ans.

Un calcul *prorata temporis* est nécessaire pour trouver un résultat précis (pour la dernière année), sachant que le flux actualisé de la troisième année est de 789,06 – 509,14 = 279,92.

$$DR = 3 \text{ ans} + \frac{900 - 789{,}06}{279{,}92} \times 360 = 3 \text{ ans et } 143 \text{ jours}$$

- Conclusion

La VAN est largement positive et le TRI est très au-dessus du taux de rentabilité exigé par l'entreprise ; le projet est rentable.

Le délai de récupération doit être comparé à une durée maximum fixée par l'entreprise.

3. Précisez pour quel taux la VAN est égale à 0.

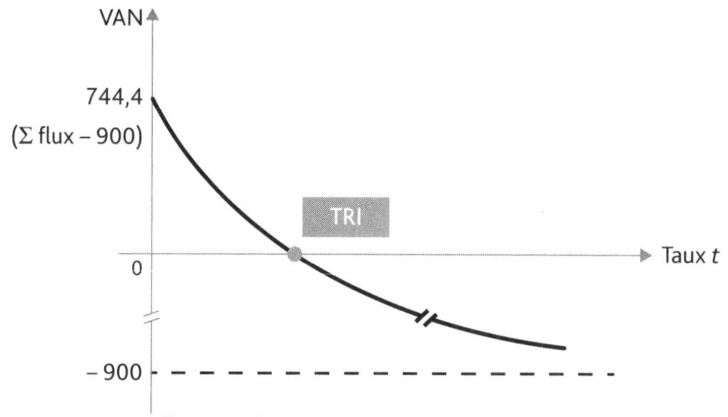

La VAN est nulle quand on a : taux d'actualisation = TRI

4. Citez des critères de sélection non financiers.

- Le risque : L'entreprise peut privilégier un projet rapidement rentable quoique qu'ayant une VAN ou un TRI inférieurs à ceux d'un autre projet. Elle peut retenir un projet moins rentable mais dont la fiabilité technique est meilleure.
- La flexibilité : L'entreprise peut préférer un projet moins rentable mais qui s'adaptera plus facilement à l'évolution de la conjoncture ou de la concurrence.
- Le respect de l'environnement : Par contrainte ou volontairement, l'entreprise peut souhaiter privilégier des projets générant le moins d'impact sur le plan environnemental.

8 Comparaison de deux projets

Compétences attendues

- **Déterminer** les différents critères financiers de sélection de projet d'investissement
- **Argumenter** un choix entre plusieurs projets qui respectent le niveau d'acceptation fixé *a priori*

1. Calculez les TRI et les VAN à 8 %.

- Pour le projet 1
  - VAN = $90 \times (1{,}08)^{-1} + 20 \times (1{,}08)^{-2} + 20 \times (1{,}08)^{-3} - 100 = 16{,}36$ k€
  - TRI : est solution de l'équation $100 = 90 \times (1 + x)^{-1} + 20 \times (1 + x)^{-2} + 20 \times (1 + x)^{-3}$. $x = 20{,}41$ %

- Pour le projet 2
  - VAN = $10 \times (1,08)^{-1} + 20 \times (1,08)^{-2} + 130 \times (1,08)^{-3} - 100 = 29,60$ k€
  - TRI : est solution de l'équation $100 = 10 \times (1 + x)^{-1} + 20 \times (1 + x)^{-2} + 130 \times (1 + x)^{-3}$. $x = 18,85$ %

2. Déterminez le taux d'indifférence, sachant qu'on appelle taux d'indifférence, le taux pour lequel la VAN du projet 1 est égale à la VAN du projet 2.

C'est le taux t pour lequel les VAN des deux projets sont égales :

$90 \times (1 + t)^{-1} + 20 \times (1 + t)^{-2} + 20 \times (1 + t)^{-3} - 100 = 10 \times (1 + t)^{-1} + 20 \times (1 + t)^{-2} + 130 \times (1 + t)^{-3} - 100$

$\Leftrightarrow 80 \times (1 + t)^{-1} - 110 \times (1 + t)^{-3} = 0 \Leftrightarrow 80 - 110 \times (1 + t)^{-2} = 0$

$\Leftrightarrow t = 17,26$ %

3. Tracez les courbes de variation des VAN en fonction du taux d'actualisation.

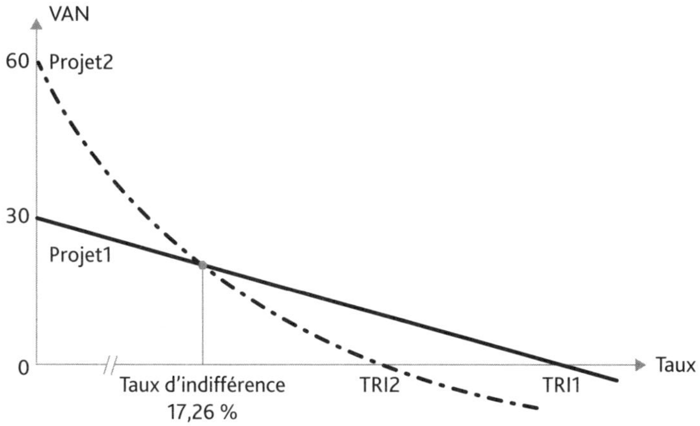

4. Quelle est la condition pour que les critères du TRI et de la VAN donnent des choix contradictoires relativement à des projets identiques ?

Pour qu'il y ait contradiction, il faut que le taux d'actualisation α auquel est calculée la VAN soit inférieur au taux d'indifférence t :

- Pour $t < \alpha$: il y a contradiction
- Pour $t = \alpha$: il y a indifférence (les VAN sont égales)
- Pour $t > \alpha$: il y a concordance entre TRI et VAN

5. Sachant que les flux de trésorerie peuvent être réinvestis au taux de 3 %, calculez la VAN globale et le TRI global relatifs à ces deux projets. Concluez.

Les flux de trésorerie peuvent être investis au taux de 3%. Cette hypothèse modifie les résultats de la VAN et du TRI.

- VAN globale
  - Projet 1

Valeur acquise = $90 \times (1,03)^2 + 20 \times (1,03) + 20 = 136,08$ €

VAN globale = $136,08 \times (1,08)^{-3} - 100 = 8,02$ €

  - Projet 2

Valeur acquise = $10 \times (1,03)^2 + 20 \times (1,03) + 130 = 161,21$ €

VAN globale = $161,21 \times (1,08)^{-3} - 100 = 27,97$ €

- TRI global
  - Projet 1 : $100 = 136{,}08 \times (1 + x)^{-3} \Leftrightarrow x = 10{,}82$ %
  - Projet 2 : $100 = 161{,}21 \times (1 + x)^{-3} \Leftrightarrow x = 17{,}25$ %

Si on considère l'hypothèse du réinvestissement des flux générés par les projets, Il n'y a pas de contradiction entre les deux critères. La VAN globale et le TRI global du projet 2 sont supérieurs à ceux du projet 1.

1 SA Verney

Première partie

1. *Indiquez l'intérêt de la méthode du besoin en fonds de roulement d'exploitation normatif.*

- Elle permet de connaître le niveau moyen du BFR et de fixer le niveau souhaitable pour le FRNG (afin de limiter les problèmes de trésorerie).
- La décomposition entre temps d'écoulement et coefficient de pondération donne des informations utiles pour la gestion et permet de déceler d'éventuelles anomalies.
- Elle constitue un outil de prévision, notamment dans l'hypothèse d'un changement du niveau d'activité.
- Elle permet d'effectuer des comparaisons avec les normes de la profession.

2. *Évaluez le besoin en fonds de roulement d'exploitation en jours de chiffre d'affaires hors taxes.*

Le taux de marge commerciale est de 50 % donc le coût d'achat des marchandises vendues représente 50 % du CAHT (100 % – 50 %).

Comme il n'y a pas de variation de stocks de marchandises, les achats de marchandises et le coût d'achat des marchandises sont égaux.

Postes	Temps d'écoulement	Coefficient de structure	Emplois	Ressources
Stock de meubles	45	0,4 × 50 % = 0,2	9	
Stock de tissus	45	0,3 × 50 % = 0,15	6,75	
Stock de vaisselle	30	0,2 × 50 % = 0,1	3	
Créances clients Particuliers	0	0,6 × 1,20 = 0,72		
Créances clients Collectivités	60	0,4× 1,20 = 0,48	28,8	
Dettes fournisseurs Centrale	60	0,90 × 50 % × 1,20 = 0,54		54
Dettes fournisseurs Autres	30	0,10 × 1,20 = 0,12		3,6
TVA à décaisser	21 + 15 = 36	20 % – 12 % = 0,08		2,88
		Totaux	47,55	60,48
		BFRE en jours de CAHT	– 12,93	

3. *Commentez le résultat obtenu.*

Le BFRE moyen est négatif : les stocks et les créances clients sont totalement financés par les dettes fournisseurs. Le cycle d'exploitation dégage des ressources.

L'équilibre financier est plus facile à atteindre dans cette situation, les ressources durables n'étant pas mobilisées pour financer le BFRE.

La croissance peut être financée plus facilement ; les ressources dégagées (CAF...) ne sont pas affectées au financement de l'augmentation du BFRE.

Deuxième partie

1. *Calculez les flux de trésorerie d'exploitation nets d'IS attendus du projet (en arrondissant à l'euro le plus proche).*

	1	2	3	4	5
EBE	75 000	75 000	90 000	90 000	75 000
– Dotations	– 60 000	– 60 000	– 60 000	– 60 000	– 60 000
= Résultat brut d'exploitation	15 000	15 000	30 000	30 000	15 000
– IS	– 4 200	– 4 200	– 8 400	– 8 400	– 4 200
= Résultat net	10 800	10 800	21 600	21 600	10 800
+ Dotations	60 000	60 000	60 000	60 000	60 000
= CAF d'exploitation	70 800	70 800	81 600	81 600	70 800
– Δ BFRE *	4 333	–	1 083		– 1 083
+ Récupération du BFRE					– 4 333
= Flux net de trésorerie d'exploitation	75 133	70 800	82 683	81 600	65 384

* Calculs de Δ BFRE :
120 000 × (–13) / 360 ≈ – 4 333
(150 000 – 120 000) × (–13) / 360 ≈ – 1 083
(120 000 – 150 000) × (–13) / 360 ≈ + 1 083

2. *Définissez trois critères financiers permettant de choisir un projet d'investissement. Précisez l'intérêt et les limites de chacun d'eux.*

- La VAN consiste à ramener l'ensemble des flux de trésorerie générés par le projet à sa date d'investissement (en les actualisant). Le projet est acceptable si la VAN est positive.
  - Intérêt : la VAN montre la création de valeur attendue du projet.
  - Limite : la VAN ne permet pas de comparer des projets de taille différente ou de durée différente.
- Le taux de rentabilité interne (TRI) est le taux pour lequel il y a égalité entre les flux de trésorerie actualisés et le montant investi. Le projet est acceptable si le TRI est supérieur au taux exigé par l'entreprise (coût du capital).
  - Intérêt : le TRI permet de comparer plusieurs projets.
  - Limite : le résultat est parfois en contradiction avec celui donné par la VAN.
- Le délai de récupération du capital investi (DR) correspond à la durée nécessaire pour récupérer le montant investi, les flux de trésorerie étant actualisés. On retient le projet dont le DR est le plus faible.
  - Intérêt : le DR permet de réduire l'incertitude en repérant les projets qui présentent le moins de risques.
  - Limite : le projet retenu n'est pas forcément le plus rentable.

3. *Calculez la valeur actuelle nette et le taux de rentabilité interne de ce projet d'investissement.*

- VAN

VAN = 75 133 $(1{,}054)^{-1}$ + 70 800 $(1{,}054)^{-2}$ + 82 683 $(1{,}054)^{-3}$ + 81 600 $(1{,}054)^{-4}$ + 65 384 $(1{,}054)^{-5}$ – 300 000

VAN ≈ 22 014 €

- TRI

Le TRI est le taux x tel que :

300 000 = 75 133 $(1+x)^{-1}$ + 70 800 $(1+x)^{-2}$ + 82 683 $(1+x)^{-3}$ + 81 600 $(1+x)^{-4}$ + 65 384 $(1+x)^{-5}$

La calculatrice donne TRI = 8,05 %

4. *Concluez sur l'intérêt de réaliser le projet.*

La VAN est positive donc il y a création de valeur. La société couvre le coût du financement, récupère le montant investi et dégage un surplus de 22 104 € qui peut être considéré comme un enrichissement.

Le TRI est supérieur au coût du capital (8,05 % > 5,4 %) donc le projet d'investissement semble rentable.

B.U.O.
DROIT

CHAPITRE 10 Les modes de financement : fonds propres

Évaluer les savoirs

1 QCM

1. b, c.
2. c.
3. c, d, e.

2 Iceland Treck

1. Quel est le montant de l'autofinancement dont pourrait disposer l'entreprise Iceland Treck cette année ?

Le montant de l'autofinancement disponible cette année est de 1 688 444 – 388 000 = 1 300 444 €.

2. Iceland Treck peut-elle financer son projet d'achat de boutique entièrement par l'autofinancement ?

Iceland Treck dispose d'un montant d'autofinancement suffisant pour couvrir son projet d'investissement de 1 156 000 €.

3. Quels sont les avantages et inconvénients pour Iceland Treck de financer la totalité de cet investissement par l'autofinancement ?

- Les avantages résident dans :
  - l'indépendance dont bénéficie l'entreprise Iceland Treck pour accéder à son financement ;
  - l'absence de modification de la gouvernance actionnariale entre les 14 actionnaires ;
  - le maintien des capacités d'endettement dont Iceland Treck aura besoin pour financer dans un avenir proche un autre projet d'investissement ;
  - la mobilisation aisée de ce mode de financement totalement interne.
- Les inconvénients émanent notamment :
  - d'une possible négligence quant à la réelle rentabilité de l'acquisition de cette nouvelle boutique à Annecy ;
  - d'une utilisation trop importante de l'autofinancement empêchant de faciliter le financement prévu dans quelque temps pour le développement à l'international d'Iceland Treck ;
  - la non prise en compte du coût indirect sur lequel pèserait une faible rentabilité de ce magasin. En effet, le marché sanctionnerait tôt ou tard cette situation par une baisse du cours de l'action.

Maîtriser les compétences

❸ Société Carmen

Compétence attendue

Identifier une ou plusieurs solutions de financement

1. D'après les informations données en annexe, le projet d'investissement d'Anna Pelayo peut-il être financé par cession des éléments d'actifs ?

Si la cession des éléments d'actifs non indispensables à l'activité se réalise, une somme de 210 000 € peut ainsi être obtenue. Le projet d'investissement de 222 000 € nécessiterait également de récupérer le produit de cession des machines destinées à être renouvelées, soit 33 000 €. Le total de 210 000 + 33 000 = 243 000 € permettrait de couvrir le besoin de financement.

2. Quels sont les avantages d'un tel mode de financement pour la société Carmen ?

La société Carmen profite du potentiel de financement par cession d'éléments d'actifs pour conserver une indépendance financière. En effet, pas besoin d'attendre un accord d'une banque pour financer ce projet d'investissement. La capacité d'endettement reste intacte pour d'éventuels projets futurs. Les délais d'obtention de tels moyens de financement peuvent être rapides.

❹ Artic SA

Compétence attendue

Identifier une ou plusieurs solutions de financement

1. Quelle est la valeur du montant net des frais d'émission de l'augmentation de capital ?

La société doit faire face à des frais d'émission : frais de publication et rémunération des intermédiaires. On a : Montant net = Montant brut – Frais d'émission

Montant net de frais : 40 000 000 – 299 998 = 39 700 002 €

2. Calculez le nombre d'actions émises.

Nombre d'actions émises : 40 000 000 / 200 = 200 000 actions

3. Déterminez le prix global d'émission et la prime globale d'émission de l'augmentation de capital.

Prix d'émission global : 200 000 × 210 = 42 000 000

Prime d'émission globale : 200 000 × 10 = 2 000 000

4. Quel est l'objectif de la prime d'émission ?

Le prix d'émission (ou prix de souscription) des nouvelles actions est fonction de leur valeur au moment de l'émission. L'objectif de la prime d'émission est que actionnaires payent l'action nouvelle à son prix actuel compte tenu du marché, des réserves accumulées au fil des années, etc.

5. Le montant de l'investissement peut-il être financé par l'augmentation de capital envisagé combinée à l'autofinancement ? Quelles préconisations formuler ?

Le montant net issu de l'opération de capital est de 39 700 000 €.

L'autofinancement est de 5 555 000 – 1 500 000 = 4 055 000 €

Ces deux modes de financement combinés couvrent 43 755 00 €. Le montant de l'investissement de 45 000 000 € n'est donc pas couvert par la combinaison de ces deux moyens de financement ; il manque 1 244 998 €.

Plusieurs préconisations peuvent être formulées : bien sûr, il peut être envisagé d'augmenter le montant prévu initialement pour l'augmentation de capital. Cette solution n'est pas toujours faisable car le marché financier peut ne pas pouvoir absorber davantage que ce qui a été fixé. Il reste à envisager un recours à une cession d'éléments d'actifs et/ou vérifier qu'une demande de subvention d'investissement ne serait pas opportune.

Le recours à l'emprunt pourra être préconisé (abordé dans le chapitre suivant).

5 Société Géo'Therm

Compétence attendue

Identifier une ou plusieurs solutions de financement

1. Quels sont les avantages et inconvénients de ce mode de financement dans le contexte de Géo'Therm ?

Le marché financier semble favorable à l'accueil de cette augmentation de capital. On peut dégager les avantages et inconvénients suivants :

Avantages de l'augmentation de capital	Inconvénients de l'augmentation de capital
Augmente le montant des capitaux propres. Le ratio Capitaux propres / Dettes s'améliore. La capacité d'endettement est alors amplifiée.	Modifie la gouvernance en raison de l'arrivée de nouveaux actionnaires et/ou de la modification de la part dans le capital des anciens
Améliore le fonds de roulement net global (FRNG) et donc l'équilibre financier.	Provoque à court terme la dilution des bénéfices en raison de la répartition de ces derniers sur un plus grand nombre d'actions
Améliore la garantie vis à vis des tiers.	Modifie fréquemment le cours de l'action sur les marchés financiers (pour les actions cotées) après l'augmentation du capital.

2. Le financement par augmentation de capital va-t-il suffire pour faire face au projet d'investissement ? Que préconiser ?

Le matériel à financer est de 1 000 000 €.

L'augmentation de capital est prévue pour 10 000 actions à 81 €. Un montant de 810 000 € sera alors disponible. Le financement uniquement *via* ce mode sera en deçà du besoin de 1 million d'euros.

La société Géo'Therm possède des actifs non stratégiques qu'elle peut envisager de céder. On peut alors préconiser le recours à ce mode de financement qui pourrait lui apporter, pour la cession des deux terrains 2 × 120 000 € = 240 000 €. 810 000 + 240 000 = 1 050 000 €, le financement peut être ainsi satisfait.

Au lieu des deux terrains, elle pourrait aussi se défaire, en plus de l'augmentation de capital, de la filiale évaluée à 350 000 €. Mais cette solution va au-delà des besoins et apparait moins satisfaisante.

Préparer l'épreuve

6 SA Blonduos

Compétences attendues

- **Distinguer** les modes de financement et **évaluer** leur coût respectif
- **Identifier** une ou plusieurs solutions de financement : **mener** un financement d'investissement en mobilisant plusieurs modes de financement

Décryptage des compétences

Le candidat doit être capable :
- d'identifier les différents modes de financements afin de les distinguer, et d'évaluer leur coût respectif ;
- de repérer les engagements financiers d'une entreprise dans un contexte donné et de les valoriser.

1. Quel est le montant qui sera mobilisé pour l'autofinancement ? Commentez la situation à ce stade.

La CAF de l'année s'élève à 3 875 000 €. Des dividendes de 1 075 000 € ont été distribués dans l'année.

L'autofinancement disponible est de 3 875 000 – 1 075 000 = 2 800 000 €

Les dirigeants souhaitent autofinancer seulement 30 % de l'investissement, soit 8 900 500 × 30 % = 2 670 150 €.

Sur l'autofinancement disponible de 2 800 000 €, seuls 2 670 150 € seront donc mobilisés. Le reste peut être conservé en réserves pour des projets ultérieurs.

À ce stade, il reste donc 6 230 350 € à financer.

2. Quel est le montant de la subvention d'investissement octroyée par la région Hauts-de-France ?

La région Hauts-de-France octroie une subvention d'investissement de 4 % du montant du projet, soit 8 900 500 × 4 % = 356 020 €, qui vont continuer au financement du projet d'investissement.

3. Quel est le montant du financement provenant des cessions des éléments d'actifs non stratégiques de Blonduos ? Commentez la situation à ce stade.

La filiale Transpok peut être revendue à 1 670 000 €. Avec 3,8 % de frais, soit 63 460 €, le montant dégagé serait de 1 606 540 €.

Le terrain de Courbevoie est estimé à 345 000 €. En comptant les frais liés au transfert de propriété de 4,5 %, soit 15 525 €, le total dégagé s'élèverait à 329 475 €.

À ce stade des réflexions sur le financement, on se situe dans la position suivante :

- Autofinancement pour 2 670 150 €
- Subvention d'investissement pour 356 020 €
- Cessions d'éléments d'actifs (filiale Transpok) pour 1 606 540 €
- Cessions d'éléments d'actifs (terrain) pour 329 475 €

Soit un total de 4 962 185 €. Il reste 3 938 315 € à financer pour pouvoir mener à bien ce projet d'investissement.

4. Quel est le montant que l'entreprise peut prétendre obtenir de l'augmentation de capital ? Le projet peut-il être financé ?

Les actions apporteraient la somme de 380 960 × 11,50 = 4 381 040 €. Il faut alors enlever 124 700 € de frais liés à l'augmentation de capital. Le montant net de frais de l'augmentation de capital serait donc de 4 256 340 €.

Le total des divers modes de financement utilisés permet d'obtenir 9 218 525 €. Le projet d'investissement s'élevant à 8 900 500 €, les financements couvrent ce montant et laissent 318 025 € de disponibles pour faire face au BFR associé au projet.

5. Rédigez un commentaire structuré et argumenté d'une trentaine de lignes sur les choix effectués dans ce montage financier.

La société Blonduos évolue dans un secteur de haute technologie avec une situation concurrentielle assez vive. Elle a été créée en 1962 en région parisienne et a déjà mis en œuvre deux augmentations de capital en numéraire.

Le projet d'investissement s'appuie sur une orientation stratégique de l'entreprise puisqu'il s'agit de donner à celle-ci les moyens de se distinguer de la concurrence par le biais d'une R&D prometteuse. Le type des clientèles sur lequel repose la réussite de Blonduos nécessite d'être en phase voire de devancer les technologies liées aux objets connectés.

Le montage financier est multi-modal puisqu'il associe un financement par autofinancement, subvention d'investissement, cessions d'éléments d'actifs et augmentation de capital en numéraire. Un montant de 9 218 525 € est ainsi dégagé. Ces quatre modalités s'inscrivent néanmoins dans le financement par fonds propres et quasi fonds propres.

Les atouts de ce montage financier résident essentiellement dans l'indépendance financière de Blonduos, puisque le financement attendu ne dépend pas d'un autre acteur. Cet avantage est à nuancer cependant pour la subvention d'investissement de 356 020 €, qui dépend de l'octroi de la Région. Il faut noter également que tant les cessions d'éléments d'actifs de 1 670 000 € et 345 000 € que l'augmentation de capital de 4 381 040 € en numéraire doivent trouver preneurs sur le marché (acheteurs pour les cessions et actionnaires, nouveaux ou déjà dans le capital, susceptibles d'acquérir les nouvelles actions émises). Néanmoins, sur un marché non perturbé par un crash boursier, on peut imaginer que les conditions seront favorables au déploiement de cette recherche de financements.

Par ailleurs, les capacités d'endettement ne sont pas touchées : aucun emprunt bancaire n'a été sollicité. C'est peut-être la raison du souhait des dirigeants actuels de privilégier un financement par fonds propres. Un autre projet est peut-être déjà en vue.

CHAPITRE 11

Les modes de financement : endettement et crédit-bail

Évaluer les savoirs

1 QCM

1. b, e.
2. c, d, e, f.
3. a, b.

2 BioDistri

Présentez le tableau d'amortissement avec annuités constantes.

Années	Capital restant dû	Intérêts	Amortissement	Annuité
1	2 000 000,00	90 000,00	(2) 365 583,28	(1) 455 583,28
2	(3) 1 634 416,72	73 548,75	382 034,53	455 583,28
3	1 252 382,19	56 357,20	399 226,08	455 583,28
4	853 156,11	38 392,03	417 191,25	455 583,28
5	435 964,86	19 618,42	435 964,86	455 583,28
Total	**0**	**277 916,40**	**2 000 000,00**	**2 277 916,40**

(1) Annuité constante calculée avec la formule : $2000000 \times \frac{4,5\ \%}{1-(1+4,5\ \%)^{-5}}$

(2) Amortissement : 455 583,28 – 90 000 = 365 583,28

(3) Capital restant dû en année 2 : 2 000 000 – 365 558,28 = 1 634 416,72

Maîtriser les compétences

3 SPACE&AÉRO

Compétence attendue

Distinguer les modes de financement et **évaluer** leurs coûts respectifs

1. Présentez le tableau d'amortissement in fine de l'emprunt obligataire.

Année	Intérêts	Nombre d'obligations amorties	Amortissement	Annuité
1	(1) 250 000	0	0	250 000
2	250 000	0	0	250 000
3	250 000	0	0	250 000
4	250 000	10 000	(2) 5 500 000	5 750 000
Total	**1 000 000**	**10 000**	**5 500 000**	**6 500 000**

(1) 10 000 × 500 × 5 %

(2) 10 000 × 550

2. Calculez le taux de revient. Que révèle ce taux ?

- À la calculatrice

$$5000000 = -\frac{250000}{1+t} - \frac{250000}{(1+t)^2} - \frac{250000}{(1+t)^3} - \frac{5750000}{(1+t)^4}$$

A1	5 000 000
A2	– 250 000
A3	– 250 000
A4	– 250 000
A5	– 5 750 000

On trouve ainsi t = 7,24 %

- Avec un tableur

En plaçant les données sur les plages A1 à A5, la fonction TRI (A1:A5) donne 7,24 %.

Ce taux révèle ce que coûte l'emprunt réellement à l'entreprise.

3. Calculez le taux de rendement brut t. La situation est-elle favorable à l'obligataire ?

Le prix d'émission est remplacé par le prix d'acquisition de l'obligation sur le marché secondaire (la Bourse) à 530 €.

On écrit la relation d'équivalence entre le prix d'achat et la suite des deux annuités à recevoir actualisées au taux t que l'on cherche (il s'agit d'un remboursement *in fine* donc il est possible de raisonner sur la base d'une seule obligation) :

$$500 = \frac{25}{(1+t)^1} + \frac{25+530}{(1+t)^2}$$

On a alors par la calculatrice ou un tableau : t = 7,89 %
Cette situation a profité à cet obligataire car son obligation a vu son cours monter.

❹ SoftDay

Compétence attendue
Distinguer les modes de financement et **évaluer** leurs coûts respectifs

1. Calculez le montant de l'annuité constante pour des durées d'emprunt de 5 à 8 ans.

Montant de l'emprunt	E	200 000,00				
Taux d'intérêt annuel	i	4,00 %				
Durée de l'emprunt	n	**4**	**5**	**6**	**7**	**8**
Annuité	a	55 098,01	44 925,42	38 152,38	33 321,92	29 705,57

2. Trouvez les durées compatibles avec la limite fixée.

Le montant de 35 000 € de versement à ne pas dépasser conduit à privilégier la durée égale à 7 ans.

3. Précisez comment évoluent les amortissements (ou remboursements) de l'emprunt avec cette modalité de remboursement.

Dans le cas d'un remboursement avec annuités constantes, la part consacrée aux intérêts sera décroissante au cours des 7 ans alors que la part consacrée au remboursement du capital emprunté ira en croissant.

❺ PPR

Compétence attendue
Distinguer les modes de financement et **évaluer** leurs coûts respectifs

1. Calculez le montant de l'annuité constante de l'emprunt bancaire.

Montant de l'emprunt	E	500 000,00
Taux d'intérêt annuel	i	5,00 %
Durée de l'emprunt	n	4
Annuité	a	141 005,92

2. Présentez le tableau d'emprunt sur les 4 ans en décomposant intérêts et remboursements du capital emprunté.

Années	Capital restant dû	Intérêts	Amortissements	Annuité
1	500 000,00	25 000,00	116 005,92	141 005,92
2	383 994,08	19 199,70	121 806,21	141 005,92
3	262 187,87	13 109,39	127 896,52	141 005,92
4	134 291,35	6 714,57	134 291,35	141 005,92
Total	0	**64 023,67**	**500 000,00**	**564 023,67**

3. Calculez le coût et le taux réel d'emprunt.

Flux entrants et sortants :

Années	496 000,00
1	– 141 005,92
2	– 141 005,92
3	– 141 005,92
4	– 141 005,92
Frais	4 000,00
Montant réellement perçu	500 000 – 4 000 = 496 000
t	**5,35 %**

❻ INDUS

Compétence attendue

Calculer et **comparer** les coûts des différents moyens de financement en intégrant l'impôt sur les bénéfices

1. Calculez les annuités nettes d'impôt de cet emprunt bancaire.

Années	Capital restant dû	Intérêts	Amortissements	Annuité (1)
1	2 000 000,00	90 000,00	365 583,28	455 583,28
2	1 634 416,72	73 548,75	382 034,53	455 583,28
3	1 252 382,19	56 357,20	399 226,08	455 583,28
4	853 156,11	38 392,03	417 191,25	455 583,28
5	435 964,86	19 618,42	435 964,86	455 583,28
Total	0	**277 916,40**	**2 000 000,00**	**2 277 916,40**

2. Calculez le montant de l'économie d'impôt lié à l'emprunt en année 1.

Années	Économie d'impôt sur les intérêts (2)	Annuité nette d'impôt (1 – 2)
1	90 000 × 28 % = 25 200,00	430 383,28
2	20 593,65	434 989,63
3	16 780,02	439 803,26
4	10 749,77	444 833,51
5	5 493,16	450 090,12
Total	**77 816,59**	**2 200 099,80**

3. Compte tenu de ces annuités nettes d'IS, calculez le taux actuariel net d'IS de ce financement.

On cherche t tel que :

$$2000000 = \frac{430383,28}{1+t} + \frac{434989,63}{(1+t)^2} + \frac{439803,26}{(1+t)^3} + \frac{444833,51}{(1+t)^4} + \frac{450090,12}{(1+t)^5}.$$

Avec la calculatrice ou un tableur, on trouve $t = 3{,}24\ \%$.

Capital emprunté	2 000 000
Taux d'intérêt annuel	4,50 %
Durée de l'emprunt	5 ans
Annuité constante	141 005,92
Taux d'imposition	28 %
Taux actuariel net d'impôt	3,24 %

7 NBM44

Compétence attendue

Distinguer les modes de financement et **évaluer** leurs coûts respectifs

1. Quelles sont les conditions à respecter pour que la société NBM44 puisse recourir à un emprunt obligataire ?

Conditions à remplir pour contracter un emprunt obligataire :

- Deux ans d'existence et deux bilans régulièrement approuvés
- Société de capitaux ou SARL
- Capital social libéré (appelé et versé)
- Notice de publication visée par l'AMF et comportant le taux actuariel brut

2. Présentez le tableau d'amortissement de cet emprunt s'il est remboursé in fine.

Année	Valeur nominale	Intérêts (calculés sur le nominal)	Nombre d'obligations amorties / an	Rembour-sement	Annuité
1	50 000 000,00	2 100 000,00	0	0	2 100 000,00
2	50 000 000,00	2 100 000,00	0	0	2 100 000,00
3	50 000 000,00	2 100 000,00	0	0	2 100 000,00
4	50 000 000,00	2 100 000,00	0	0	2 100 000,00
5	50 000 000,00	2 100 000,00	500 000	50 000 000	52 100 000,00
Total		**10 500 000,00**	**500 000**	**50 000 000**	**60 500 000,00**

3. Trouvez, sans effectuer de calcul, le taux de rendement actuariel brut et net d'IS de cet emprunt. Expliquez le raisonnement suivi.

Ce type de remboursement est rarement utilisé aujourd'hui.

Dans une situation sans frais comme c'est le cas ici, le taux de rendement actuariel brut est le taux d'intérêt prévu, soit 4,20 %.

Le taux actuariel net d'IS est ainsi, dans le cas d'un IS à 28 % : 0,72 ×4,2 % = 3,02 %

4. Le tableau d'amortissement précédent est-il modifié ? Si oui, présentez-le.

Année	Valeur nominale	Intérêts (calculés sur le nominal)	Nombre d'obligations amorties / an	Rembourse-ment	Annuité
1	50 000 000,00	2 100 000,00	100 000	10 200 000,00	12 300 000,00
2	39 800 000,00	1 680 000,00	100 000	10 200 000,00	11 880 000,00
3	29 600 000,00	1 260 000,00	100 000	10 200 000,00	11 460 000,00
4	19 400 000,00	840 000,00	100 000	10 200 000,00	11 040 000,00
5	9 200 000,00	420 000,00	100 000	10 200 000,00	10 620 000,00
Total		**6 300 000,00**	**500 000,00**	**51 000 000,00**	**57 300 000,00**

5. Calculez le taux de rendement actuariel brut à la date d'émission. Commentez.

Flux :

50 000 000,00
– 12 300 000,00
– 11 880 000,00
– 11 460 000,00
– 10 620 000,00
4,84 %

Ce taux est plus élevé que le taux de 4,2 % car la valeur de remboursement de l'obligation amortie est au-dessus du pair, qui se situe à 100 €.

6. Présentez un schéma avec les flux versés et perçus.

Pour l'obligataire :

En N : flux sortant	En N+2 : flux entrant
Versement en sortie de fonds : 100 € × 10	Réception des fonds de la vente : 103 € × 10

7. Calculez le taux effectif de placement pour cet obligataire.

Nombre d'obligations *N*	10
Valeur nominale *V*	100
Remboursement au prix du marché *R*	103
Taux nominal *t*	4,20 %
Date des échéances	01-mars
Durée en années *n* prévue	5
Durée en années *n* avant revente	2

Année	Valeur nominale	Intérêts (calculés sur le nominal)	Nombre d'obligations amorties / an	Rembour-sement	Annuité
1	1 000,00	42,00	2	206	248,00
2	794,00	33,60	2	206	239,60

Cellule	Flux
A1	1 000
A2	– 42
A3	– 1 072
Taux effectif	**5,659 %**

Se préparer à l'épreuve

8 Aludis

Compétences attendues

- **Calculer** et **comparer** les coûts des différents moyens de financement en intégrant l'impôt sur les bénéfices
- **Identifier** une ou plusieurs solutions de financement

Décryptage des compétences

Le candidat doit être capable d'identifier une ou plusieurs solutions de financement et d'émettre un avis après avoir calculé les coûts des différents moyens de financement (en intégrant l'impôt sur les bénéfices).

1. Précisez les avantages et inconvénients du mode de remboursement de l'emprunt.

Avantages d'un remboursement *in fine* :

- Il permet d'attendre que les retours financiers du projet lancé portent leur fruit sans impacter la trésorerie immédiatement.
- Il permet de sortir le remboursement au complet dans une période où les excédents de trésorerie se sont constitués.
- Par voie de conséquence, les risques de trésorerie dégradée voire les agios sont amoindris pendant la période située avant le remboursement *in fine*.

Inconvénients du remboursement *in fine* :

- Les intérêts à calculer et dus chaque année portent sur un montant qui ne décroît pas. Le montant de ces intérêts sera donc plus important.
- Il faut prévoir la trésorerie lors du versement de remboursement final avec soin.

2. Présentez le tableau d'amortissement de l'emprunt. Quel est le montant d'un coupon d'intérêt annuel ? Quel est le montant de l'émission de cet emprunt obligataire ? Combien y a-t-il d'obligations vivantes sur chaque année ?

Année	Valeur nominale	Intérêts (calculés sur le nominal)	Nombre d'obligations amorties / an	Rembourse-ment	Annuité
1	200 000 000	8 800 000	0	0	8 800 000
2	200 000 000	8 800 000	0	0	8 800 000
3	200 000 000	8 800 000	0	0	8 800 000
4	200 000 000	8 800 000	0	0	8 800 000
5	200 000 000	8 800 000	1 000 000	200 000 000	208 800 000
Total		**44 000 000**	**1 000 000**	**200 000 000**	**244 000 000**

Montant du coupon d'intérêt annuel : 200 × 4,4 % = 8,80 €

Montant de l'émission : 198 × 1 000 000 = 198 000 000 €

Toutes les obligations sont vivantes chaque année puisque le remboursement est *in fine*. On en a donc 1 000 000 sur chaque année.

3. Calculez le taux de revient à la date d'émission.

Flux totaux	Flux 1 obligation
198 000 000	198,00
– 8 800 000	– 8,80
– 8 800 000	– 8,80
– 8 800 000	– 8,80
– 8 800 000	– 8,80

Flux totaux	Flux 1 obligation
– 208 800 000	– 208,80
4,63 %	**4,63 %**

Le taux de revient est de 4,63 %.

9 Artéa

Compétences attendues

- **Distinguer** les modes de financement et **évaluer** leurs coûts respectifs
- **Déterminer** et **valoriser** le montant des engagements financiers de l'entreprise
- **Calculer** et **comparer** les coûts des différents moyens de financement en intégrant l'impôt sur les bénéfices
- **Identifier** une ou plusieurs solutions de financement

1. Calculez le montant brut de l'opération.

Nombre d'obligations N	1 099 265
Prix d'émission au pair *E*	14
Taux nominal d'intérêt *t*	0,06
Remboursement *R* au pair	14
Période de souscription	11/07/N au 29/07/N
Date de règlement	04/08/N
1 OCEANE pour nombre d'actions ?	20
Durée en années	6
Cours au 15/10/N	0,93
Montant brut de l'emprunt obligataire	14 × 1 099 265 = 15 389 710

2. Justifiez le taux d'intérêt proposé.

Le taux d'intérêt de 6 % est assez élevé au regard du marché. Le taux d'intérêt exprime une négociation entre l'emprunteur et le ou les prêteurs. Dans le cas d'Artéa, la situation d'endettement de l'entreprise et sa position un peu fragile sur le plan concurrentiel rendent la situation de prêteur risquée. Ce risque se traduit par un taux plutôt élevé compensant ainsi la situation pour le ou les prêteurs.

Ce taux élevé a pour ambition dans ce contexte d'attirer des prêteurs par une rémunération importante au regard des taux pratiqués sur le marché.

3. Déterminez le taux de rendement actuariel brut et net de cet emprunt.

Flux
15 389 710
– 923 382,60
– 923 382,60
– 923 382,60
– 923 382,60
– 923 382,60
– 16 313 092,60
Taux brut = 6,00 %
Taux net = 4,32 %

4. Quelle raison pourrait amener la société à rembourser les obligations de façon anticipée ?

Une situation de trésorerie très positive pourrait amener la société à rembourser de façon anticipée les obligations, si une telle clause a été prévue à l'émission. Cela évite de supporter des charges d'intérêt initialement prévues.

5. Présentez le tableau d'amortissement. Quel est le coût de cet emprunt pour Artéa ?

Année	Valeur nominale	Intérêts (calculés sur le nominal)	Nombre d'obligations amorties / an	Rembour-sement	Annuité
1	15 389 710	923 382,60	0	0	923 382,60
2	15 389 710	923 382,60	0	0	923 382,60
3	15 389 710	923 382,60	0	0	923 382,60
4	15 389 710	923 382,60	0	0	923 382,60
5	15 389 710	923 382,60	0	0	923 382,60
6	15 389 710	923 382,60	1 099 265	15 389 710	16 313 092,60
Total		**5 540 295,60**	**1 099 265**	**15 389 710**	**20 930 005,60**

Le coût de l'emprunt est la somme des intérêts à payer, soit 5 540 295,60 € au total.

6. Pourquoi cette modalité de remboursement in fine est-elle judicieuse dans ce contexte ?

Cela donnera le temps à l'entreprise d'améliorer sa situation financière et de récolter les fruits de son investissement ainsi financé.

7. Quels sont les apports du tableau des engagements financiers relatifs au crédit-bail ?

Le tableau des engagements financiers en comporte en réalité plusieurs selon la nature des engagements de la société.

Dans les tableaux dits complexes figure le tableau des engagements pris en matière de crédit-bail. La société n'est pas propriétaire dans ce cas, mais elle doit néanmoins faire état de deux engagements :

- Engagement reçu par la société de crédit-bail concernant la mise à disposition du bien loué pendant la durée du contrat de crédit-bail. Le montant de l'engagement reçu équivaut à la valeur du bien mobilier.
- Engagement donné par l'entreprise utilisatrice du bien : elle doit payer les redevances périodiques. Cela constitue une obligation de paiement. On y trouvera par exemple les redevances déjà payées et les redevances restant à payer.

8. Déterminez et valorisez le montant des engagements financiers d'Artéa concernant cette opération du crédit-bail.

Tableau des engagements crédit-bail	Mise à disposition 01/07/N
Valeur d'origine	15 500 000,00
Dotation annuelle aux amortissements	775 000,00
Des exercices antérieurs	
Cumul des dotations	775 000,00
Redevances versées	
Redevances périodiques (trimestre)	650 000,00
Redevances de l'exercice	1 300 000,00
Redevances exercice antérieur	
Cumul des redevances	1 300 000,00
Redevances à payer	
À moins d'un an	2 600 000,00
À plus d'un an et 5 ans au plus	10 400 000,00
À plus de 5 ans (si contrat de 10 ans)	13 000 000,00
Cumul	26 000 000,00

9. Quels sont les avantages et inconvénients du crédit-bail dans ce contexte ?

Avantages du crédit-bail :

- Relative indépendance dans l'accès à ce mode de financement : aucun octroi de prêt n'est à obtenir, ni attente des acquisitions d'actions dans le cadre d'une augmentation de capital.
- Souplesse dans la signature du contrat (mais la société reste engagée jusqu'à la fin du contrat, sauf potentielles clauses de sortie de contrat).

Inconvénients du crédit-bail :

- Coût qui s'avère au total souvent plus élevé (notamment quand les loyers sont plus importants qu'une dotation aux amortissements calculée).
- Il faut trouver une entreprise qui met à disposition le bien exact attendu.

10. Quelle est la solution de financement à privilégier ?

Comparons les coûts de financement :

- Pour l'emprunt obligataire, le coût de l'emprunt est établi avec le taux de revient calculé précédemment, à 4,32 % net d'IS.
- Pour le crédit-bail, le coût de l'emprunt est de 6,49 % net d'IS (puisque les loyers ont été pris nets d'IS).

Calcul des flux de trésorerie du crédit-bail par rapport au financement par emprunt obligataire :

Années	Loyers	Loyers annuels nets d'IS	Perte sur économie d'IS des dotations aux amortissements	Montant économisé (non acquisition)
0	0	0	0	15 500 000
1	– 1 300 000	– 936 000	– 217 000	– 1 153 000
2	– 2 600 000	– 1 872 000	– 434 000	– 2 306 000
3	– 2 600 000	– 1 872 000	– 434 000	– 2 306 000
4	– 2 600 000	– 1 872 000	– 434 000	– 2 306 000
5	– 2 600 000	– 1 872 000	– 434 000	– 2 306 000
6	– 2 600 000	– 1 872 000	– 434 000	– 2 306 000
7	– 2 600 000	– 1 872 000	– 434 000	– 2 306 000
8	– 2 600 000	– 1 872 000	– 434 000	– 2 306 000
9	– 2 600 000	– 1 872 000	– 434 000	– 2 306 000
10	– 2 600 000	– 1 872 000	– 434 000	– 2 306 000

Au regard des coûts des deux modes de financement, l'emprunt obligataire est plus intéressant.

CHAPITRE 12 Les marchés financiers

Évaluer les savoirs

1 Quiz

1. Vrai. Le marché financier est réservé aux capitaux à court et moyen termes (2 ans maximum).
2. Vrai. La société mère est aux Pays-Bas.
3. Faux. Euronext est une société privée.
4. Vrai. L'AMF peut prononcer des sanctions, pécuniaires le plus souvent.
5. Faux. L'obligation est cotée sans le coupon couru.
6. Faux. La valeur cotée peut diminuer en cas de hausse des taux d'intérêt.
7. Vrai. Il y a aussi des indices européens.
8. Vrai. Le risque doit être rémunéré.
9. Vrai.
10. Faux. On prend le bénéfice net d'impôt.
11. Faux. C'est l'inverse.
12. Vrai. Le PER varie quand le cours et/ou le bénéfice net par action estimé bouge.

2 Calcul du coupon couru d'une obligation

Calculez le coupon couru à la date du 10/02/N+1.

$10 + 31 + 30 + 31 + 31 + 10 = 143$ jours

Coupon couru en euros : $\frac{200 \times 0{,}04 \times 143}{365} = 3{,}134$

Coupon couru en pourcentage du nominal : $0{,}04 \times \frac{143}{365} = 0{,}157$

3 Lecture de la cote d'obligations

1. Que signifie IF ?

IF signifie *in fine*. De nombreux emprunts obligataires sont émis *in fine*, ce qui veut dire qu'ils seront remboursés à la fin de la durée de l'emprunt.

2. Précisez selon quel principe les obligations sont cotées.

La cotation se fait en pourcentage du nominal, ce qui permet de comparer des obligations dont la valeur nominale et les dates d'émission peuvent être très différentes.

3. Calculez la valeur d'achat des deux obligations.

- Crédit du Nord : $(100{,}3 + 3{,}83) \times 300/100 = 312{,}39$ €
- Crédixa → $(105{,}22 + 1{,}92) \times 100/100 = 107{,}14$ €

Maîtriser les compétences

❹ Notation financière

Compétence attendue

Identifier les principales sources de notation financière et de cotation des titres

1. Citez des noms d'agences de notation financière.

Les agences financières les plus connues sont américaines. Les principales sont :

- Standard and Poor's
- Moody's
- Fitch Ratings

Elles notent notamment la qualité de la dette des grandes entreprises et de nombreux pays.

2. Que signifie une note de niveau BB ?

Il s'agit d'une note moyenne (la meilleure note étant AAA). Elle exprime une certaine vulnérabilité au risque de défaut en cas d'évolution défavorable des conditions économiques.

3. Quel est l'impact sur la valeur cotée d'un titre d'une modification de la note financière ?

La conséquence d'une telle modification est double :

- baisse du cours de l'action (ou amélioration si la note est améliorée) ;
- augmentation (ou baisse) du taux d'intérêt des emprunts auxquels l'entreprise peut prétendre.

❺ Portefeuille de titres

Compétences attendues

- **Identifier** les produits du marché financier
- **Mettre en évidence** les grands principes d'organisation du marché financier

1. Sur quel marché ces titres sont-ils cotés ?

- Actions : cotées sur le marché des actions. Carrefour et Pernod Ricard sont cotées sur le compartiment A de l'Eurolist.
- Obligations : cotées sur le marché obligataire.
- Bons de souscriptions d'actions : cotés séparément sur un compartiment annexe du marché des actions.

2. Toutes les actions sont-elles cotées de la même façon ?

Les actions sont cotées sur plusieurs marchés :

- L'Eurolist qui est subdivisée en plusieurs compartiments :
  - Compartiment A : grandes valeurs (plus de 1 milliard de capitalisation boursière)
  - Compartiment B : valeurs moyennes
  - Compartiment C : petites valeurs
- Euronext growth réservé aux PME
- Euronext Access pour les sociétés de taille moindre

Seul l'Eurolist est un marché réglementé.

3. Euronext est une société de Bourse ; que cela signifie-t-il ?

Euronext est une société commerciale privée dont l'activité consiste à assurer le fonctionnement de marchés d'instruments financiers (titres financiers, comme les actions et obligations, et contrats financiers).
Euronext est cotée en Bourse et peut émettre des emprunts pour se financer.

4. Quel organisme surveille le bon fonctionnement du marché boursier ?

L'AMF (Autorité des marchés financiers) est chargée de surveiller le fonctionnement du marché boursier. Elle peut procéder à des enquêtes et la commission des sanctions (pécuniaires ou autres).

5. Tous les marchés boursiers sont-ils réglementés ?

Un marché réglementé suit des règles précises relatives à l'organisation des transactions et aux conditions d'accès au marché et d'admission à la cotation. Tous les marchés gérés par Euronext Paris sont des marchés réglementés, sauf Euronext Growth et Euronext Access.

6 Lecture de la cote d'une action

Compétence attendue

Expliquer la cote des actions et des obligations

1. Que représente le code FR000120693 ?

Il s'agit du code ISIN attribué à chaque produit coté au comptant à la Bourse. Il s'agit d'une norme internationale ; il commence par FR pour la France.

2. Calculez le rendement brut pour N–1 et le rendement brut estimé pour N.

- Rendement brut N–1 : 2,36 / 130,7 = 1,81 %
- Rendement brut estimé N : 2,80 / 130,7 = 2,14 %

3. Calculez le PER pour N–1 et le PER estimé pour N.

- PER N–1 : 130,70 / 5,69 = 22,97
- PER N : 130,7 / 6,14 = 21,29

7 Obligations OAT

Compétence attendue

Expliquer la cote des actions et des obligations

1. Pour chacun des deux emprunts, calculez le montant du coupon couru (de deux façons différentes) et le prix d'achat de l'obligation à la date du 05/08/N.

- Emprunt 1
  - Coupon couru : 1,140 % × 100 = 1,14 €.

Vérification :
Durée écoulée depuis le dernier coupon versé : 5 (avril) + 31 + 30 + 31 + 5 = 102 jours
On sait qu'il faut ajouter 3 jours ouvrés pour calculer le coupon : 102 + 3 = 105 jours
Coupon annuel : 4 % × 100 = 4 €

Lors de la cession d'une obligation, on rajoute 3 jours ouvrés à la durée calculée pour le calcul du coupon couru.

Coupon couru au 05/08/N : 0,04 × 105 / 365 = 1,14 €

- Prix d'achat de l'obligation : (105,63 % + 1,150 %) × 100 = 106,78 €

- Emprunt 2
  - Coupon couru : 3,722 % × 100 = 3,72 €.

Vérification :

Durée écoulée depuis le dernier coupon versé : 6 (octobre) + 30 + 31 + 31 + 28 + 31+ 30 + 31 + 30 + 31 + 5 = 284 jours

Durée totale : 284 + 3 = 287 jours

Coupon annuel : 4,75 % × 100 = 4,75 €

Coupon couru au 05/08/N : 4,75 × 287 / 365 = 3,73 €

- Prix d'achat de l'obligation : (110,54 % + 3,735 %) × 100 = 114,27 €

2. Justifiez le niveau atteint par le cours de ces obligations.

On constate que, pour les deux emprunts, le cours des obligations est supérieur à leur valeur nominale. Cela ne peut s'expliquer que par la baisse des taux d'intérêt intervenue depuis l'émission de ces obligations.

3. Expliquez ce qu'est une OAT.

Les obligations assimilables du Trésor (OAT) sont des obligations présentant les mêmes caractéristiques que des obligations émises antérieurement (mêmes échéances, mêmes coupons, même prix de remboursement), avec lesquelles elles se confondent entièrement. Cela permet de simplifier la gestion comptable et financière des emprunts correspondants.

Si le taux a varié depuis la première émission (en plus ou en moins), le prix d'émission sert de variable d'ajustement (on l'augmente si le taux a diminué, et inversement).

L'État (c'est-à-dire le Trésor public) utilise couramment la technique de l'assimilation.

Préparer l'épreuve

8 PER et rendement

Compétence attendue

Expliquer la cote des actions et des obligations

Décryptage des compétences

Le candidat doit identifier et expliciter (à travers une identification et une caractérisation) :

- les principes de fonctionnement des marchés financiers ;
- l'articulation entre les différents compartiments et produits ;
- l'apport des marchés en termes d'information publique sur les emprunteurs et, réciproquement, la relation entre valorisation boursière et qualité de l'information transmise par l'emprunteur ;
- l'incidence des taux d'intérêt sur les produits de type obligataires et sur les actions.

1. À quoi correspond la lettre A figurant dans la quatrième colonne ?

La lettre A correspond au compartiment de l'Eurolist auquel appartient la société. Le compartiment A réunit les sociétés dont la capitalisation dépasse le milliard d'euros.

2. Comment peut-on qualifier les BNPA et les PER donnés dans le tableau ?

En novembre N, le résultat de l'exercice N n'est pas encore connu ; celui de N+1 ne l'est pas non plus. Par conséquent, les bénéfices nets par action (BNPA) sont prévisionnels (ou estimés) et les PER calculés sur cette base sont eux-mêmes estimés.

Ces données peuvent faire l'objet de révisions en cours d'année.

3. Vérifiez les PER et le taux de rendement.

- PER estimés

	L'Oréal	Danone	Total
N	184 / 7,03 = 26,17	63,87 / 3,38 = 18,9	52,93 / 4,56 = 11,6
N+1	184 / 6,69 = 27,50	63,87 / 3,27 = 19,53	52,93 / 3,65 = 14,5

- Rendements estimés

	L'Oréal	Danone	Total
N	3,75 / 184 = 0,02 = 2,04 %	2 / 63,87 =3,13 %	2,56 / 52,93 = 4,84 %

4. Calculez la capitalisation boursière de chaque société.

Capitalisation boursière = Nombre de titres × Cours = Valeur boursière d'une société

L'Oréal	Danone	Total
560 082 187 × 184 ≈ 103 milliards d'euros	685 055 200 × 63,87 ≈ 43 milliards d'euros	2 683 096 135 × 52,93 ≈ 142 milliards d'euros

❾ Obligation EDF

Compétences attendues

- **Expliquer** la cote des actions et des obligations
- **Justifier** la variation du prix du titre en fonction des taux d'intérêt du marché

1. Quelle est la date d'échéance de cet emprunt ?

L'emprunt sera totalement remboursé le 17/06/N+2.

2. Vérifiez le montant du coupon couru à la date du 20/10/N.

Il faut calculer le nombre de jours écoulés depuis le dernier versement d'intérêts, soit depuis le 18/06/N compris (le coupon ayant été versé le 17, le calcul redémarre le 18) : 13 + 31 + 31 + 30 + 20 = 125 jours

Coupon couru = 4,5 × 125 / 365 = 1,541 %

3. Calculez le prix à payer pour l'achat d'une obligation à cette date.

En cas d'achat, il faut rajouter 3 jours ouvrés pour déterminer le montant du coupon couru.
On a : 4,5 × 128 / 365 = 1,578 %

Prix d'achat : (106,66 + 1,578) × 1 000 = 1 082,38 €

4. Expliquez la variation de cours depuis la date d'émission.

Le cours est supérieur à 100 %. Cela signifie que les taux d'intérêt ont baissé sur le marché obligataire depuis l'émission de ces obligations.

5. Précisez en fonction de quels facteurs le cours de l'obligation évolue.

- Facteur principal : les taux d'intérêt pratiqués sur le marché financier. Si les taux d'intérêt montent, le cours des obligations baisse (seul ajustement permettant d'offrir la même rentabilité aux investisseurs anciens et nouveaux), et inversement.
- Facteur secondaire : la solvabilité de l'émetteur. Si l'émetteur connaît une situation susceptible de le mettre dans l'incapacité de rembourser tout ou partie des obligations (ex. : endettement inquiétant), cela pèsera négativement sur le cours.

CHAPITRE 13

Les contraintes de financement

Évaluer les savoirs

1 QCM

1. b, c, d, e, f.
2. a.
3. a, d, e.
4. a, b, c.

2 SARL PLAYA

À partir de l'annexe, établissez le tableau des plus ou moins-values globales à positionner dans le bilan financier.

Postes BILAN COMPTABLE	Montants	Informations pour le bilan financier	Dégagement de plus-value	Dégagement de moins-value
Frais d'établissement	35 000	–		35 000
Charges à répartir sur plusieurs exercices	32 987	–		32 987
Constructions	654 100	780 000	125 900	
Créances clients et comptes rattachés	48 765	44 560		4 205
Fonds commercial (création)	–	134 530	134 530	
Installations techniques	118 760	80 000		38 760
Participations	27 654	17 500		10 154
Primes de remboursement des obligations	21 998	–		21 998
Stocks de matières premières et autres approvisionnements	43 200	38 765		4 435
Terrains	20 000	47 000	27 000	
Total	**1 002 464**	**1 056 590**	**260 430**	**143 104**
Plus-value globale			**117 326**	

Maîtriser les compétences

❸ Cas YANN SURF

Compétences attendues

- **Estimer** les différents équilibres financiers
- **Évaluer** le niveau de risque et la soutenabilité de la dette

1. Présentez le calcul du fonds de roulement financier pour l'année N selon les deux méthodes classiquement envisageables. Commentez la situation pour YANN SURF.

Actif à moins d'un an corrigé	221 644
– Passif à moins d'un an corrigé	– 115 017
= FR Financier	**106 627**
Passif à plus d'un an corrigé	788 183
– Actif à plus d'un an corrigé	– 681 556
= FR Financier	**106 627**

Un fonds de roulement financier positif présume que l'entreprise est en capacité de faire face à ses engagements. Le fonds de roulement financier est ici très satisfaisant.

2. Calculez pour l'année N les ratios de liquidité générale, liquidité réduite et liquidité immédiate. Commentez en comparant la situation de YANN SURF aux usages en matière de liquidité.

- Ratio de liquidité générale

Actif circulant (à moins d'un an)	221 644
Passif à moins d'un an	115 017
Ratio de liquidité générale	**1,93**

Le ratio de liquidité générale est de 1,93. Cela signifie que l'entreprise peut être en capacité de rembourser ses dettes à court terme. On a bien un résultat supérieur à 1, ce qui corrobore le montant du fonds de roulement financier largement positif.

- Ratio de liquidité réduite

Actif circulant (à moins d'un an) – Stocks	178 644
Passif à moins d'un an	115 017
Ratio de liquidité réduite	**1,55**

Le ratio de liquidité réduite est très satisfaisant. Le ratio est bien supérieur à 1, les créances couvrent largement les passifs à moins d'un an.

- Ratio de liquidité immédiate

Trésorerie actif	123 092
Passif à moins d'un an	115 017
Ratio de liquidité générale	**1,07**

Le ratio de liquidité immédiate est satisfaisant. On a bien un ratio supérieur à 0,6, repère attendu en général pour juger de ce ratio, la trésorerie de l'actif couvre les dettes à court terme.

3. Comment évaluer le niveau de risque de l'entreprise et la soutenabilité de la dette au travers d'un ratio de solvabilité ? Commentez la situation de YANN SURF.

Capitaux propres	700 640
Actif total	903 200
Ratio de solvabilité	**0,78**

Le ratio de solvabilité est satisfaisant. On a bien un ratio supérieur à 20 %, repère attendu en général pour juger de ce ratio.

Si YANN SURF se positionnait dans une situation de cessation d'activité, ses actifs en revente lui permettrait d'assumer le remboursement de ses dettes.

❹ Cas Longboard'Adventure

Compétence attendue

Évaluer le niveau de risque et la soutenabilité de la dette

1. Calculez les ratios d'endettement et de solvabilité, ainsi que les capacités de remboursement à l'aide de la CAF et de l'EBE.

- Ratio d'endettement

Dettes financières	288 963
– VMP	– 11 258
– Liquidités	– 2 942
Dettes nettes	274 763
Capitaux propres	190 305
Ratio d'endettement	**1,44**

- Ratio de solvabilité

Capitaux propres	190 305
Actif total	578 244
Ratio de solvabilité	**0,33**

- Capacité de remboursement
  - À partir de la CAF

Dettes nettes	274 763
CAF	95 852
Capacité de remboursement	**2,87**

  - À partir de l'EBE

Dettes nettes	274 763
EBE	82 741
Capacité de remboursement	**3,32**

2. Commentez le niveau de risque et la soutenabilité de la dette de Longboard'Adventure.

Longboard'Adventure doit évaluer son niveau de risque. C'est le ratio de solvabilité qui permettra d'évaluer l'aptitude de l'entreprise à honorer ses engagements dans une perspective de revente de ses actifs. Le ratio de solvabilité de Longboard'Adventure est de 0,33, ce qui témoigne d'une bonne soutenabilité de la dette. Il faut au moins 20 % pour être dans une situation de soutenabilité satisfaisante.

La capacité de remboursement calculée avec la CAF est de 2,87 (bien inférieure à 3), et de 3,32 calculée avec l'EBE (inférieure à 4). La situation est donc raisonnable en termes de risque et de soutenabilité de la dette.

5 Cas Drones 66

Compétences attendues

- **Estimer** les différents équilibres financiers
- **Évaluer** le niveau de risque et la soutenabilité de la dette
- **Analyser** les garanties des prêteurs et leur incidence sur le coût des dettes

1. Présentez le calcul du fonds de roulement financier pour l'année N selon les deux méthodes classiquement envisageables. Commentez la situation pour Drones 66.

Actif à moins d'un an corrigé	430 000
– Passif à moins d'un an corrigé	– 528 000
= FR Financier	**– 98 000**
Passif à plus d'un an corrigé	632 000
– Actif à plus d'un an corrigé	– 730 000
= FR Financier	**– 98 000**

Un fonds de roulement financier négatif présume que l'entreprise n'est pas en capacité de faire face à ses engagements. Le fonds de roulement financier négatif met en évidence ici une situation très risquée.

2. Calculez, pour l'année N, les ratios de liquidité générale, liquidité réduite et liquidité immédiate. Commentez en comparant la situation de Drones 66 au regard des usages en matière de liquidité.

- Ratio de liquidité générale

Actif circulant (à moins d'un an)	430 000
Passif à moins d'un an	528 000
Ratio de liquidité générale	**0,81**

Le ratio de liquidité générale est de 0,81. Cela signifie que l'entreprise n'est pas en capacité de rembourser ses dettes à court terme. Cela corrobore la situation de risque mise en avant avec le fonds de roulement négatif.

- Ratio de liquidité réduite

Actif circulant (à moins d'un an) – Stocks	310 000
Passif à moins d'un an	528 000
Ratio de liquidité réduite	**0,59**

Le ratio de liquidité réduite est non satisfaisant. Le ratio est bien inférieur à 1, les créances ne couvrent pas les passifs à moins d'un an. La situation est risquée.

- Ratio de liquidité immédiate

Trésorerie actif	100 000
Passif à moins d'un an	528 000
Ratio de liquidité générale	**0,19**

Le ratio de liquidité immédiate met en avant de nouveau la situation risquée. On a un ratio bien inférieur à 0,6, repère attendu en général pour juger de ce ratio, la trésorerie de l'actif ne couvre pas les dettes à court terme.

3. Comment évaluer le niveau de risque de l'entreprise et la soutenabilité de la dette au travers du calcul des ratios d'endettement et de solvabilité ? Comment analyser la situation au regard des disponibilités dans ces ratios ? Quelle est la situation de Drones 66 au regard de la soutenabilité de la dette ?

- Ratio d'endettement

Emprunts et dettes financières à plus d'un an	424 000
+ Emprunt à moins d'un an	200 000
– VMP	– 60 000
– Disponibilités	– 100 000
Dettes nettes	**464 000**

Capital	163 407,18
Réserve légale	16 340,72
Autres réserves légales	2 026
Plus-value globale	25 968
Report à nouveau	258,10
Capitaux propres	**208 000**
Ratio d'endettement	**2,23**

Plus le ratio d'endettement est élevé, plus l'entreprise est dépendante de ses tiers. On a ici un ratio de 2,23, ce qui signifie que l'entreprise est dans une situation très risquée. Cela permet de juger de sa faible capacité à rembourser, sa solvabilité est en jeu.

Cependant, la trésorerie importante, avec 100 000 € en disponibilités et 60 000 € de VMP, masque le niveau des dettes financières par rapport aux capitaux propres. En calculant ce ratio sans les disponibilités et VMP, on dégrade encore le ratio d'endettement.

- Ratio d'endettement sans disponibilités et VMP

Emprunts et dettes financières à plus d'un an	424 000
Emprunt à moins d'un an	200 000
Dettes nettes	624 000
Capitaux propres	208 000
Ratio d'endettement	**3,00**

- Ratio de solvabilité

Capitaux propres	208 000
Actif total	1 160 000
Ratio de solvabilité	**0,18**

Le ratio de solvabilité confirme cette situation risquée avec un taux de 18 %, inférieur à 20 %, le taux repère d'usage.

Ces indicateurs permettent d'estimer que l'entreprise a perdu son indépendance financière.

4. Drones 66 envisage de s'endetter de nouveau et pense mettre en hypothèque les constructions qui figurent au bilan. Quels en seraient et les avantages et les inconvénients ?

L'hypothèque va permettre au débiteur de couvrir le risque de sa dette ou d'un emprunt auprès d'un créancier. Cela peut favoriser l'octroi d'emprunt et rassurer le créancier.

Les inconvénients principaux résident dans les frais inhérents à cette opération et le fait qu'une fois qu'un bien a été mobilisé lors d'une hypothèque, il n'est plus possible d'y recourir de nouveau tant que la dette première n'a pas été remboursée.

Préparer l'épreuve

6 Cas BÉMOL&CO

Compétences attendues

- **Construire** un bilan financier
- **Estimer** les différents équilibres financiers
- **Évaluer** le niveau de risque et la soutenabilité de la dette
- **Analyser** les garanties des prêteurs et leur incidence sur le coût des dettes

Décryptage des compétences

Le candidat être capable :

– de construire un bilan financier et d'en expliciter les différents éléments ;

– d'estimer les différents équilibres et d'évaluer le niveau de risque de soutenabilité de la dette dans un contexte donné ;

– de réaliser une analyse des garanties des prêteurs et de leur incidence sur le coût des dettes.

Cette analyse doit pouvoir être rédigée.

1. Établissez le tableau des plus ou moins-values.

Postes BILAN COMPTABLE	Montants	Informations pour le bilan financier	Dégagement de plus-value	Dégagement de moins-value
Frais d'établissement	50 000	0		50 000
Fonds commercial	0	102 587	102 587	
Terrains	205 434	220 000	14 566	
Constructions	361 941	505 874	143 933	
Installations techniques, matériels et outillages industriels	198 351	144 555		53 796
Participations	37 354	22 111		15 243
Stocks et en-cours : matières premières et autres approvisionnements	135 432	111 478		23 954
Créances clients et comptes rattachés	110 264	116 777		– 6 513
Totaux	**1 098 776**	**1 223 382**	**261 086**	**136 480**
Plus-value globale			**124 606**	

2. Construisez le bilan financier.

Actif		Passif	
Actifs à plus d'un an corrigés		**Capitaux propres**	
Fonds commercial	102 587	Capital	358 963
Terrains	220 000	Réserve légale	35 896,30
Constructions	505 874	Autres réserves	50 583,70
Installations techniques, matériels et outillages industriels	144 555	Plus-value globale	124 606
Autres immobilisations corporelles	0	Report à nouveau	14 587
Participations	22 111	**Total I**	**584 636**
Autres	1 944	**Dettes à plus d'un an**	
Total I	**997 071**	Provision pour litige	25 000
Actif à moins d'un an rectifiés		Emprunt et dettes financières	540 214
Stock de matières premières et autres approvisionnements	11 478	**Total II**	**565 214**
Stocks de produits intermédiaires et finis	0	**Capitaux permanents**	1 149 850
Créances clients et comptes rattachés	116 777	**Dettes à moins d'un an**	
Autres créances	11 934	Dettes fournisseurs et comptes rattachés	45 874
VMP	45 201	Dettes fiscales et sociales	25 963
Disponibilité	32 145	Autres dettes	15 919
Total II	**317 535**	Emprunts à moins d'un an	58 000
		Provisions pour garanties	19 000
		Total III	**164 756**
Total général	**1 314 606**	**Total général**	**1 314 606**

3. Calculez le fonds de roulement financier.

Actif à moins d'un an corrigé	317 535
– Passif à moins d'un an corrigé	– 164 756
= FR Financier	**152 779**
Passif à plus d'un an corrigé	1 149 850
– Actif à plus d'un an corrigé	– 997 071
= FR Financier	**152 779**

Le fonds de roulement financier est positif, signe d'un équilibre financier satisfaisant.

4. Évaluez le niveau de risque au travers des ratios de liquidités.

- Ratio de liquidité générale

Actif circulant (à moins d'un an)	317 535
Passif à moins d'un an	164 756
Ratio de liquidité générale	**1,93**

Le ratio de liquidité générale est de 1,93 et révèle ainsi une aptitude de l'entreprise à faire face à ses dettes.

- Ratio de liquidité réduite

Actif circulant (à moins d'un an) – Stocks	206 057
Passif à moins d'un an	164 756
Ratio de liquidité réduite	**1,25**

Le ratio de liquidité réduite est également supérieur à 1 et reste satisfaisant.

- Ratio de liquidité immédiate

Trésorerie actif	77 346
Passif à moins d'un an	164 756
Ratio de liquidité générale	**0,47**

Le ratio de liquidité immédiate n'est pas très élevé mais il reste dans des proportions acceptables. Les liquidités ne pèsent pas assez au regard du passif à court terme mais sont néanmoins assez satisfaisantes.

5. Évaluez la situation de l'entreprise au regard de la soutenabilité de la dette.

- Ratio d'endettement

Dettes financières	598 214
VMP	45 201
Liquidités	32 145
Dettes nettes	520 868
Capitaux propres	460 030
Ratio d'endettement	**1,13**

Le ratio d'endettement est de 1,13, ce qui signifie que les dettes nettes sont supérieures aux capitaux propres : l'entreprise est déjà dépendante des établissements de crédits. L'entreprise, au regard de la soutenabilité de la dette, est en situation de risque. Plus ce ratio est élevé, plus le risque est élevé. Il est d'usage que ce ratio soit plutôt inférieur à 1.

- Ratio de solvabilité

Capitaux propres	460 030
Actif total	1 190 000
Ratio de solvabilité	**0,39**

Le ratio de solvabilité est plutôt satisfaisant et témoigne d'une situation maîtrisée au regard du risque, l'entreprise est en capacité d'honorer ses engagements. Il est d'usage d'atteindre 0,20 à ce ratio, la situation est donc satisfaisante.

- Capacité de remboursement
  - À partir de la CAF

Dettes nettes	520 868
CAF	174 789
Capacité de remboursement	**2,98**

  - À partir de l'EBE

Dettes nettes	520 868
EBE	134 543
Capacité de remboursement	**3,87**

Les deux ratios de capacités de remboursement révèlent un risque maîtrisé puisque le premier est inférieur à 3 avec 2,98, et le deuxième inférieur à 4 avec 3,87. L'entreprise n'est donc pas exposée aux risques de non solvabilité, sa situation est satisfaisante selon ces critères.

6. Analysez les avantages et inconvénients du recours à l'hypothèque du terrain pour obtenir un nouvel emprunt.

Le montant de l'emprunt demandé est de 220 000 € et le taux du prêt hypothécaire est de 6,5 % sur 10 ans, alors que le taux moyen est autour de 2,5 % actuellement. L'hypothèque demandée permet à la banque de BÉMOL&CO de s'assurer qu'en cas de défaillance dans les paiements de l'entreprise, les fonds prêtés seront récupérés par le biais de la vente du bien immobilier. C'est une situation qui rassure les prêteurs et contribue à une réponse favorable de leur part à l'octroi d'un prêt. Cela revêt donc un caractère incitatif.

En revanche, pour BÉMOL&CO, cela constitue un risque car, en cas de défaillance dans les règlements prévus dans les contrats de prêts et l'hypothèque, l'entreprise serait obligée de revendre de son bien.

Le taux du prêt à 6,5 %, plus élevé que le taux moyen à 2,5 % sur le marché, traduit bien le risque dont se couvre la banque en demandant un taux plus élevé.

CHAPITRE 14 La structure de financement

Évaluer les savoirs

1 QCM

1. c, d.
2. c, d.
3. a, b, e, f.
4. b, c, d, g, h.
5. c.

2 Cas SpaceAéro

1. Quel commentaire réaliser sur le coût du capital dans les trois structures financières présentées ?

Plus l'entreprise est endettée, plus le coût du capital est élevé afin de compenser le risque.

2. Calculez le coût moyen pondéré du capital pour les trois sous-traitants étudiés. Commentez.

	Satellite'Composants	Météorite44	PlanetAvenir
CMPC à 3 %	9,0 %	7,8 %	8,2 %
CMPC à 5 %	9,0 %	8,6 %	9,4 %
CMPC à 1 %	9,0 %	7,0 %	7,0 %

À structure financière différente, les CMPC sont fluctuants avec les coûts du capital choisis. Le CMPC diminue d'abord pour remonter en raison d'un coût des CP élevé.

Maîtriser les compétences

3 Cas AEROFLOT

Compétences attendues

- **Calculer** le coût moyen pondéré du capital
- **Justifier** la relation entre structure du financement et valeur de l'entreprise
- **Analyser** la structure de financement d'une organisation

1. Quel commentaire réaliser sur les six structures financières présentées ?

Plus le rapport capitaux empruntés/capitaux propres est élevé, plus l'entreprise est endettée. On constate dans ces diverses situations que lorsque le taux de rentabilité économique est supérieur au taux d'intérêt, l'endettement se traduit en une amélioration de la rentabilité financière.

Entre les situations 1, 2 et 3, pour des résultats d'exploitation identiques, ce constat est effectif puisque le montant des dettes va croissant passant de 30 000 000 en situation 1 à 60 000 000 en situation 3 avec une rentabilité financière qui passe de 7,44 % à 10,56 %. Le taux de rentabilité économique net d'IS de 6,40 % est bien supérieur aux taux d'intérêt net d'IS de 4,32 %. Plus l'entreprise s'endette, plus la rentabilité financière s'améliore. Les effets de leviers sont positifs et jouent en faveur d'une amélioration de la rentabilité financière.

Les situations 4 à 6 reflètent des rentabilités économiques nettes d'IS allant de 4 % à 2,88 %, toutes inférieures au taux d'intérêt net d'IS de 4,32 %. D'où une dégradation de la rentabilité financière. Un effet de massue est ainsi présent : plus l'endettement est fort, plus la rentabilité financière se dégrade.

2. Quelle relation établir entre structure du financement et valeur de l'entreprise ?

Le lien entre structure du financement et valeur de l'entreprise signifie s'interroger sur l'existence d'une structure de financement optimale.

On constate dans les calculs de rentabilité financière précédents qu'en utilisant l'endettement et l'effet de levier, on maximise la valeur financière de l'entreprise. Il faut souligner cependant que l'accroissement de l'endettement se traduit en augmentation du risque de l'entreprise, qui rejaillit sur un taux requis des actionnaires en hausse, en réaction au risque.

3. Calculez le coût moyen pondéré du capital dans les six situations étudiées. Commentez.

	Situation 1	Situation 2	Situation 3	Situation 4	Situation 5	Situation 6
CMPC	6,40 %	6,40 %	6,40 %	4,00 %	3,20 %	2,88 %

Préparer l'épreuve

4 Cas STARSAT

Compétences attendues

- **Calculer** le coût moyen pondéré du capital
- **Justifier** la relation entre structure du financement et valeur de l'entreprise
- **Analyser** la structure de financement d'une organisation

1. Calculez les taux requis par les actionnaires à l'aide des modèles actuariel, Gordon Shapiro et du MEDAF.

Soit t le taux requis par les actionnaires.

- Dividende constant D : 30
- Valeur C de l'action à la date 0 : 500

- Taux de croissance des futurs dividendes g : 4,00 %
- Taux de rentabilité attendu sans risque R_{sr} : 1,75 %
- Taux requis sur le marché R_m : 5,50 %
- Sensibilité du marché β : 2,5

- Modèle actuariel

$t = D / C_0 = 30 / 500 = 6{,}00\ \%$

- Modèle Gordon et Shapiro

$t = (D / C_0) + g = (30 / 500) + 4 = 10{,}00\ \%$

- MEDAF

$t = R_{sr} + \beta\ (R_m - R_{sr}) = 1{,}75 + 2{,}5 \times (5{,}50 - 1{,}75) = 11{,}13\ \%$

2. Calculez le CMPC dans les deux hypothèses pour N–1 et N.

	N–1			N		
	Modèle actuariel	Gordon et Shapiro	MEDAF	Modèle actuariel	Gordon et Shapiro	MEDAF
CMPC hypothèse 1	5,14 %	8,00 %	8,80 %	6,00 %	8,86 %	9,66 %
CMPC hypothèse 2	5,31 %	8,40 %	9,27 %	6,00%	9,09 %	9,95 %

3. Quels commentaires établir sur l'évolution de ce CMPC entre N–1 et N ?

Dans un premier temps, il faut souligner que les taux d'intérêts ont évolué à la hausse entre N–1 et N, puisqu'ils passent de 3 % à 6 %. La situation financière de l'entreprise STARSAT s'est dégradée entre N–1 et N. En effet, un dysfonctionnement sur un moteur a impacté l'attractivité de l'entreprise, qui se trouve désormais dans une situation plus risquée. Les établissements de crédit vont traduire ce risque par une élévation des taux d'intérêts demandés.

Dans un second temps, nous pouvons commenter également la structure financière entre ces deux hypothèses et son impact sur le CMPC. Dans l'hypothèse 1, la part des capitaux propres est moins élevée que dans l'hypothèse 2, d'où la répercussion d'un taux requis par les actionnaires, en général plus élevé que le taux d'intérêt. Cela a pour conséquence d'amoindrir le CMPC dans l'hypothèse 1.

Pour finir, la comparaison entre les trois modèles de calcul met en avant l'impact (à la hausse) sur le CMPC d'un taux requis par les actionnaires de plus en plus élevé. On passe ainsi en N–1 d'un CMPC de 5,14 % à 8,8 % dans l'hypothèse 1, et de 5,31 % à 9,27 % dans l'hypothèse 2.

Pour conclure, on peut rappeler que cette combinaison dans le CMPC doit permettre de satisfaire les actionnaires avec un taux requis les conduisant à fidéliser leur présence et leur exposition aux risques, ainsi qu'un taux d'intérêt qui exprime également la situation plus ou moins risquée pour le prêteur.

4. Analysez la structure de financement de STARSAT entre les trois modèles.

La structure de financement correspond au partage entre différents modes de financement, à savoir ici, le poids des capitaux propres et des dettes financières au regard des capitaux permanents.

Dans les trois modèles (actuariel, Gordon et Shapiro et MEDAF), que ce soit en N–1 ou en N, l'évolution du CMPC suit l'évolution du taux requis par les actionnaires calculé différemment. À taux d'intérêt identique, 3 % ou 6 %, le CMPC est en hausse quand le taux requis par les actionnaires est plus élevé et quand la structure financière fait apparaître des capitaux propres plus importants.

5. Justifiez la relation entre la structure de financement de N et la valeur de l'entreprise.

La structure de financement qui témoigne d'un endettement plus élevé contribue à augmenter les risques de l'entreprise, notamment des risques de solvabilité et d'effet de massue si la rentabilité économique est en deçà du taux d'intérêt. Lorsque la structure financière présente un rapport capitaux empruntés/capitaux propres élevés, l'effet de levier peut être important mais le risque financier également. Le surendettement peut générer des risques de faillite.

CHAPITRE 15 Le plan de financement

Évaluer les savoirs

1 QCM

1. d.
2. a, d, e, f.
3. c, d, e, f, g, h.

2 Surf'Paradise

Calculez la CAF sans financement externe et comparez-la à celle compte tenu de cet emprunt de 600 k€. Justifiez la différence.

Données en k€	Initialement	Avec emprunt
CA HT	180	180
– Charges d'exploitation	60	60
– Charges financières	0	600 × 5 % = 30
– Dotations	30	30
= Résultat	90	60
Résultat net d'impôt	64,8	43,2
CAF rectifiée	94,8	73,2

On constate que les charges d'intérêts entraînent une diminution de la CAF égale à 100 – 28 % = 72 % de ces intérêts : 94,8 – 72 % × 30 = 73,2

Le même raisonnement peut être fait pour d'autres postes de charges (ex. : loyer de crédit-bail) : la CAF diminue de 72 % de la charge supplémentaire (si le taux de l'IS est de 28 %).

Maîtriser les compétences

3 VRAM

Compétence attendue

Élaborer un plan de financement

1. Calculez les CAF prévisionnelles.

- Calcul des charges d'intérêts (4 %)

	Capital restant dû	Intérêts	Amortissements	Annuité
N	500 000	20 000	125 000	145 000
N+1	375 000	15 000	125 000	140 000
N+2	250 000	10 000	125 000	135 000
N+3	125 000	5 000	125 000	130 000

- Calcul des CAF prévisionnelles

	N	N+1	N+2
CA	1 800 000	1 800 000	2 000 000
MCV	540 000	540 000	600 000
Charges fixes	380 000	380 000	380 000
Charges financières	20 000	15 000	10 000
Résultat avant IS	140 000	145 000	210 000
IS (28 %)	39 200	40 600	58 800
Dotations	80 000	80 000	80 000
CAF	**180 800**	**184 400**	**231 200**

2. Calculez les variations de BFRE.

	N	N+1	N+2
CAHT	1 800 000	1 800 000	2 000 000
BFRE	300 000	300 000	333 333,33
Variation BFRE	**300 000**	**0**	**33 333,33**

3. Établissez le plan de financement sur 3 ans. Commentez.

	N	N+1	N+2
Ressources			
CAF	180 800	184 400	231 200
Emprunt bancaire	500 000	0	0
Augmentation de capital	150 000	0	0
Total Ressources	**830 800**	**184 400**	**231 200**
Emplois			
Investissements	600 000	0	0
Augmentation BFRE	300 000	0	33 333,33
Remboursements	125 000	125 000	125 000
Dividendes	40 000	40 000	42 000
Total Emplois	**1 065 000**	**165 000**	**200 333,33**
Écarts	**– 234 200**	**+ 19 400**	**+ 30 866,67**
Trésorerie initiale	0	– 234 200	– 214 800
Trésorerie finale	**– 234 200**	**– 214 800**	**– 183 933,33**

Le plan n'est pas équilibré. La société risque de connaître des problèmes de trésorerie notamment en début d'année car l'investissement et l'augmentation du BFRE interviennent au début de l'année N, alors que la CAF est générée au fur et à mesure de l'exercice.

L'entreprise aura donc besoin d'un financement complémentaire à court terme au cours de cette année et pour les suivantes. Il ne faut pas oublier qu'il reste 125 000 € d'emprunt à rembourser fin N+3.

On peut s'interroger sur la rentabilité du projet.

❹ ICENORTH

Compétences attendues

- **Identifier** les étapes de la construction d'un plan de financement
- **Élaborer** un plan de financement
- **Identifier** des modalités d'équilibrage du plan de financement, dans une situation donnée

1. Quelles sont les étapes de construction d'un plan de financement ?

Un plan de financement se déroule en plusieurs étapes :

- Dans un premier temps, il faut calculer la CAF et les flux de trésorerie en mobilisant généralement les ressources internes ou un premier projet de modes de financement.
- Dans un second temps, si ce plan de financement initial n'est pas satisfaisant, il est fondamental de déclencher des modes de financements supplémentaires afin d'atteindre un équilibre des flux de trésorerie sur la période étudiée. Dans cette seconde étape, il est parfois pratique de réajuster le calcul de la CAF avec les éléments l'ayant éventuellement modifiée, en général des charges financières.

Le CA n'a pas été modifié par rapport à l'exercice précédent, le BFRE est identique en année 1.

2. Présentez le plan de financement initial sans les financements externes.

	1	2	3
CAHT prévisionnel	6 000 000	8 500 000	8 500 000
BFRE (CAHT × 36/360)	600 000	850 000	850 000
Variation BFRE	**0**	**+ 250 000**	**0**
Ressources CAF Cessions **Total Ressources**	 650 000 140 000 **790 000**	 850 000 0 **850 000**	 850 000 0 **850 000**
Emplois Immobilisations BFRE	 2 000 000 0	 500 000 250 000	 200 000 0
Total Emplois	**2 000 000**	**750 000**	**200 000**
Écarts	**– 1 210 000**	**+ 100 000**	**+ 650 000**
Trésorerie initiale **Trésorerie finale**	160 000 **– 1 050 000**	– 1 050 000 **– 950 000**	– 950 000 **– 300 000**

3. Présentez le plan avec les financements externes envisagés. La CAF sera rectifiée en conséquence.

	1	2	3
CAF initiale	650 000	850 000	850 000
Charges d'intérêts nets d'IS	12 960	12 960	12 960
CAF rectifiée	**637 040**	**837 040**	**837 040**
Ressources			
CAF	637 040	837 040	837 040
Cessions	140 000	0	0
Augmentation de capital	654 000	0	
Emprunt	400 000	0	
Total Ressources	**1 831 040**	**837 040**	**837 040**
Emplois			
Immobilisations	2 000 000	500 000	200 000
BFRE	0	250 000	0
Total Emplois	**2 000 000**	**750 000**	**200 000**
Écarts	**– 168 960**	**+ 87 040**	**+ 637 040**
Trésorerie initiale	160 000	– 8 960	78 080
Trésorerie finale	**– 8 960**	**78 080**	**715 120**

4. La situation finale est-elle satisfaisante ?

On constate qu'un problème subsiste pour la première année, d'autant plus que les immobilisations sont acquises au début de l'année alors que la CAF est générée progressivement tout au long de l'année. Il faut souligner également que les informations sont des prévisions comportant des incertitudes. Mieux vaut être prudents et ne pas laisser une situation négative en année 1. L'entreprise devra trouver un financement ponctuel (crédit d'un an, etc.) pour équilibrer le plan et sa trésorerie.

La trésorerie prévisionnelle est très confortable à la fin de la troisième année, ce qui permet de penser que les investissements prévus sont rentables. L'entreprise pourrait envisager de rembourser l'emprunt dès la fin du plan.

On peut noter qu'aucune distribution de dividendes n'a été prévue dans le plan. Une distribution semble possible dès l'année 2. Pour la première année, la marge de manœuvre est plus étroite.

❺ ADVENTUR'POL

Compétences attendues

- **Élaborer** un plan de financement
- **Identifier** des modalités d'équilibrage du plan de financement, dans une situation donnée

1. Calculez les CAF prévisionnelles annuelles de N+1 à N+5.

Sommes en k€	N+1	N+2	N+3	N+4	N+5
Marge commerciale	(1) 9 000	17 136	17 136	17 136	17 136
Charges variables	(2) 3 000	5 100	5 100	5 100	5 100
Crédit-bail loyers	300	300	300	300	
Charges fixes	2 700	3 500	3 500	3 500	3 500
Charges financières Emprunt bancaire 1 Emprunt bancaire 2	 60 60	 60 60	 45 60	 30 40	 15 20
Anciennes dotations	900	900	900	900	900
Nouvelles dotations	(3) 450	450	450	450	(4) 600
Résultat brut	1 530	6 766	6 781	6 816	7 001
IS	428,4	1 894,48	1 898,68	1 908,48	1 960,28
Résultat net	1 101,6	4 871,52	4 882,32	4 907,52	5 040,72
Dotations	1 350	1 350	1 350	1 350	1 500
CAF	**2 451,6**	**6 221,52**	**6 232,32**	**6 257,52**	**6 540,72**

(1) 30 % × 26 000 + 10 % × 12 000 = 9 000 €

(2) Zone 1 : 2 000 / 26 000 = 7,692 %. Zone 2 : 1 000 / 12 000 = 8,333 %. Conserver les fractions.

(3) Les constructions et immobilisations techniques, l'entreprise est propriétaires donc calcul des amortissements : 6 000/20 ans + 1 500/10 ans = 450

(4) Mobilier financé par crédit-bail sauf en fin de contrat en raison de l'option d'achat. D'où nouveau calcul de dotations avec 150 (il ne reste qu'une année d'amortissement) : un total de 450 + 150 = 600

2. Sachant que le programme des renouvellements courants exige une dépense annuelle de l'ordre de 800 k€, établissez le plan de financement pour les années N+1 à N+5.

Sommes en k€	N+1	N+2	N+3	N+4	N+5
Ressources CAF Emprunt 1 Emprunt 2 Remboursement dépôt	 2 451,6 2 000 3 000 	 6 221,52 	 6 232,32 	 6 257,52 100	 6 540,72
Total Ressources	**7 451,6**	**6 221,52**	**6 232,32**	**6 357,52**	**6 540,72**
Emploi Constructions Installations techniques Renouvellements Dépôt garantie	 6 000 1 500 800 100	 800 	 800 	 800 	 800
Remboursement emprunt 1 Remboursement emprunt 2 Rachat crédit-bail		500 1 000 	500 1 000 	500 1 000 150	500 1 000

Sommes en k€	N+1	N+2	N+3	N+4	N+5
Total Emplois	**8 400**	**2 300**	**2 300**	**2 450**	**2 300**
Écarts	**– 948,4**	**3 921,52**	**3 932,32**	**3 907,52**	**4 240,72**
Trésorerie initiale **Trésorerie finale**	0 **– 948,4**	– 948,4 **2 973,12**	2 973,12 **6 905,44**	6 905,44 **10 812,96**	10 812,96 **15 053,68**

3. Commentez les résultats obtenus.

Seule la première année pose un problème d'équilibre. La trésorerie dégagée les années suivantes est largement positive, ce qui confirme la rentabilité des projets d'investissements (à condition que les prévisions effectuées soient satisfaisantes).

Il peut être envisagé de distribuer des dividendes.

6 Silone

Compétences attendues
- **Élaborer** un plan de financement
- **Identifier** des modalités d'équilibrage du plan de financement, dans une situation donnée

1. Présentez le plan de financement initial pour les années N+1 à N+4.

	N+1	N+2	N+3	N+4
CAHT	80 000,00	95 000,00	109 000,00	120 000,00
BFR	5 555,56	6 597,22	7 569,44	8 333,33
Variation BFR	**4 055,56**	**1 041,67**	**972,22**	**763,89**
Ressources CAF Emprunt 5 ans Subventions	 70 000,00 50 000,00 7 000,00	 75 000,00 7 000,00	 77 000,00 7 000,00	 80 000,00 7 000,00
Total Ressources	**127 000,00**	**82 000,00**	**84 000,00**	**87 000,00**
Emplois Matériel Constructions Remboursements Dividendes BFR variation	 60 000,00 30 000,00 20000 10 000,00 4 055,56	 65 000,00 10 000,00 30 000,00 10 000,00 1 041,67	 30 000,00 10 000,00 10 000,00 972,22	 30 000,00 10 000,00 10 000,00 763,89
Total Emplois	**124 055,56**	**116 041,67**	**50 972,22**	**50 763,89**
Écarts	**2 944,44**	**– 34 041,67**	**33 027,78**	**36 236,11**
Trésorerie initiale **Trésorerie finale**	0,00 **2 944,44**	2 944,44 **– 31 097,22**	– 31 097,22 **1 930,56**	1 930,56 **38 166,67**

2. Proposez une solution pour équilibrer le plan, sachant qu'une plateforme de financement participatif peut accorder un prêt remboursable in fine au terme de plusieurs années au taux de 5 % (montant arrondi au millier d'euros supérieur).

Le plan de financement n'est pas équilibré ; en N+2, l'entreprise doit trouver des financements complémentaires auprès de sa banque. On voit qu'elle ne pourra pas rembourser avant 2 ans (en N+4).

Emprunt nécessaire : environ 33 000 €. (On doit avoir $x - 5\ \% \, x \times 72\ \% = 31\ 098$, soit $x =$ 32 258,53 €, arrondi à 33 000 €.)

Postes du plan modifiés :

- CAF : elle diminue en N+2 et tant que l'emprunt n'est pas remboursé
  - CAF N+2 : 75 000 – 72 % × 1 650 = 73 812
  - CAF N+3 : 77 000 – 72 % × 1 650 = 75 812
- Emprunt de 33 000 € en N+2
- Remboursement en N+4

	N+1	N+2	N+3	N+4
Écarts initiaux	2 944,44	– 34 041,67	33 027,78	36 236,11
Emprunt reçu	0	33 000,00	0	0
Remboursement de l'emprunt	0	0	0	33 000
Intérêts (5 %)	0	– 1 100,00	– 1 100	0
Trésorerie initiale	0,00	2 944,44	802,78	32 730,56
Trésorerie finale	**2 944,44**	**802,78**	**32 730,56**	**35 966,67**

Préparer l'épreuve

7 HUGO'SMUSIK

Compétences attendues

- **Élaborer** un plan de financement
- **Identifier** des modalités d'équilibrage du plan de financement, dans une situation donnée

Décryptage des compétences

Dans un contexte donné, le candidat doit pouvoir élaborer un plan de financement en justifiant sa pratique par l'identification des différentes étapes. Il doit pouvoir identifier, si besoin, des modalités d'équilibrage.

1. Présentez le tableau d'amortissement de l'emprunt et le calcul de l'annuité constante.

Emprunt	Capital restant dû	Intérêts	Amortissements	Annuités
1	90 000,00	2 700,00	29 117,73	31 817,73
2	60 882,27	1 826,47	29 991,26	31 817,73
3	30 891,00	926,73	30 891,00	31 817,73

2. Pour le premier projet, calculez la capacité d'autofinancement prévisionnelle des trois premières années.

	N	N+1	N+2
EBE	59 950,00	76 150,00	76 150,00
Dotations	4 000,00	4 000,00	4 000,00
Charges intérêts	2 700,00	1 826,47	926,73
Résultat avant IS	53 250,00	70 323,53	71 223,27
IS	14 910,00	19 690,59	19 942,52
Résultat net	38 340,00	50 632,94	51 280,75
Dotations +	4 000,00	4 000,00	4 000,00
CAF projet 1	**42 340,00**	**54 632,94**	**55 280,75**

3. Présentez les trois premières années du plan de financement, en distinguant, pour la première année, le début et la fin de l'année.

	Début N	Fin N	N+1	N+2
CAF projet 1		42 340,00	54 632,94	55 280,75
CAF projet 2				25 000,00
Emprunt	90 000,00			
Total ressources	**90 000,00**	**42 340,00**	**54 632,94**	**80 280,75**
Investissements	40 000,00		30 000,00	
Variation BFRE 1	45 333,33	4 703,67		
Variation BFRE 2			36 000,00	
Remboursements		29 117,73	29 991,26	30 891,00
Total emplois	**85 333,33**	**33 821,40**	**95 991,26**	**30 891,00**
Écarts	**4 666,67**	**8 518,60**	**– 41 358,32**	**49 389,75**
Trésorerie initiale	0,00	4 666,67	13 185,27	– 28 173,05
Trésorerie finale	**4 666,67**	**13 185,27**	**– 28 173,05**	**21 216,70**

4. Commentez et proposez des modalités d'équilibrage.

Le plan présente une trésorerie finale positive, alors que l'emprunt est totalement remboursé. Cependant, on constate un grave déséquilibre la deuxième année.

Il faudrait trouver un financement complémentaire au cours de l'année N+1 et/ou reporter le deuxième projet. Un financement participatif peut être déclenché ou repenser le montant et le calendrier de l'emprunt.

Il est également envisageable d'allonger la durée de l'emprunt ou encore de différer d'un an le premier remboursement.

8 SA Techlux

Compétences attendues

- **Élaborer** un plan de financement
- **Identifier** des modalités d'équilibrage du plan de financement, dans une situation donnée

1. Établissez les comptes de résultat prévisionnels relatifs au produit nouveau d'après les informations en annexe, pour les exercices N à N+2. Calculez les CAF.

	N	N+1	N+2
Chiffre d'affaires	30 000 000	33 000 000	36 000 000
Charges variables exploitation	15 000 000	16 500 000	18 000 000
Charges fixes hors amortissements	5 700 000	5 700 000	5 700 000
Charges financières	150 000	150 000	100 000
Dotations constructions	1 000 000	1 000 000	1 000 000
Dotations matériels	2 000 000	2 000 000	2 000 000
Résultats avant IS	6 150 000	7 650 000	9 200 000
IS	1 722 000	2 142 000	2 576 000
Résultat net IS	**4 428 000**	**5 508 000**	**6 624 000**
Dotations constructions	1 000 000	1 000 000	1 000 000
Dotations matériels	2 000 000	2 000 000	2 000 000
CAF	**7 428 000**	**8 508 000**	**9 624 000**

2. Présentez le plan de financement pour les trois premières années d'exploitation. On sait que les données relatives aux anciennes activités resteront constantes.

- Préparation du plan

	N	N+1	N+2
Chiffre d'affaires	30 000 000	33 000 000	36 000 000
BFRE	3 000 000	3 300 000	3 600 000
Variation BFRE	3 000 000	300 000	300 000

	N	N+1	N+2
Dividendes 48000 actions	1 200 000	1 200 000	1 200 000
Dividendes 12000 actions		300 000	300 000
Remboursement ancien emprunt	4 600 000	3 900 000	3 500 000
Remboursement nouvel emprunt		1 000 000	1 000 000

- Plan de financement

	N	N+1	N+2
Ressources CAF anciennes activités (CR N–1) CAF projet Augmentation capital 12 000 × 400 € Emprunt	 13 100 000 7 428 000 4 800 000 3 000 000	 13 100 000 8 508 000	 13 100 000 9 624 000
Total Ressources	**28 328 000**	**21 608 000**	**22 724 000**
Emplois Investissement construction Investissement matériel BFRE variation Remboursement ancien emprunt Remboursement nouvel emprunt Dividendes 48 000 actions Dividendes 12 000 actions	 10 000 000 8 000 000 3 000 000 4 600 000 1 200 000	 300 000 3 900 000 1 000 000 1 200 000 300 000	 300 000 3 500 000 1 000 000 1 200 000 300 000
Total Emplois	**26 800 000**	**6 700 000**	**6 300 000**
Écarts	**1 528 000**	**14 908 000**	**16 424 000**
Trésorerie initiale (CBC)	– 1 000 000	528 000	15 436 000
Trésorerie finale	**528 000**	**15 436 000**	**31 860 000**

3. Établissez le bilan prévisionnel simplifié de la société au 31/12/N, en retenant l'hypothèse de financement indiquée en annexe 4.

- Calculs préparatoires

Capital : 48 000 + 12 000 actions à 100 € l'une	6 000 000
Prime d'émission	12 000 × (400 – 100) = 3 600 000
Réserves + résultat – dividendes	1 200 000
Résultat N–1	3 100 000
Résultat N (calculé plus haut)	4 428 000
Emprunt bilan N–1	27 900 000
CBC	1 000 000
Nouvel emprunt	3 000 000
Remboursement ancien emprunt	4 600 000

Poste emprunt bilan	25 300 000
Immobilisations incorporelles	5 000 000
Immobilisations corporelles	41 000 000
Dotations aux immobilisations corporelles	8 400 000
BFRE	4 000 000

- Bilan

Actif		Passif	
Immobilisations incorporelles	3 400 000	Capital	6 000 000
Immobilisations corporelles	47 600 000	Prime	3 600 000
Immobilisations financières	2 000 000	Réserves	13 900 000
BFRE	7 000 000	Résultat	7 200 000
Banque	200 000	Provisions	4 200 000
		Emprunts	25 300 000
Total	**60 200 000**	**Total**	**60 200 000**

1 ROCKET&SPACE

MODES de FINANCEMENT

Les dividendes distribués en N ont été de 7 356 630€

1. *Distinguez les modes de financement envisageables dans ce projet. Permettent-ils de faire face au besoin de financement lié au projet CLG'IN ?*

La société ROCKET&SPACE est une entreprise industrielle dans le domaine de l'aérospatial. Elle envisage de réaliser le projet CLG'IN dans 12 mois, relatif à la production de prototypes de fusées. Le montant de l'investissement est de 19 500 000 €.

Les modes de financement envisageables pour ce projet sont :

- autofinancement à hauteur de 30 % ;
- augmentation de capital à hauteur de 3 500 000 € en numéraire, assortie d'une prime d'émission de 1 500 000 € ;
- crédit-bail pour une partie des matériels industriels à hauteur de 3 900 000 €. Il est envisagé un contrat avec un loyer annuel pendant 15 ans et une option d'achat ensuite ;
- emprunt susceptible d'être mobilisé pour l'acquisition des matériels industriels ;
- cession d'éléments d'actifs (l'entreprise dispose de terrains non stratégiques).

Autofinancement (19 500 000 × 30 %)	5 850 000
Augmentation capital	3 500 000
Prime d'émission	1 500 000
Crédit-bail ou emprunt	3 900 000
Cessions d'actifs	2 950 000
Total	**17 700 000**

Au regard des éléments fournis actuellement, le montant des 19 500 000 € nécessaire n'est pas atteint. Il faudra mobiliser d'autres financements ou montants.

2. *Évaluez les coûts respectifs des modes de financement mobilisés pour les matériels industriels spécifiques : coût de revient de l'emprunt bancaire et du crédit-bail.*

- Coût de l'emprunt *in fine*

Années	Capital à rembourser	Intérêts bruts	Intérêts nets d'IS	Remboursement	Annuité	Flux nets d'IS
						3 900 000 – 6 000
1	3 900 000	78 000	– 56 160	0	– 78 000	– 56 160
2	3 900 000	78 000	– 56 160	0	– 78 000	– 56 160
3	3 900 000	78 000	– 56 160	0	– 78 000	– 56 160
4	3 900 000	78 000	– 56 160	0	– 78 000	– 56 160
5	3 900 000	78 000	– 56 160	0	– 78 000	– 56 160
6	3 900 000	78 000	– 56 160	0	– 78 000	– 56 160

Années	Capital à rembourser	Intérêts bruts	Intérêts nets d'IS	Remboursement	Annuité	Flux nets d'IS
7	3 900 000	78 000	– 56 160	0	– 78 000	– 56 160
8	3 900 000	78 000	– 56 160	0	– 78 000	– 56 160
9	3 900 000	78 000	– 56 160	0	– 78 000	– 56 160
10	3 900 000	78 000	– 56 160	0	– 78 000	– 56 160
11	3 900 000	78 000	– 56 160	0	– 78 000	– 56 160
12	3 900 000	78 000	– 56 160	0	– 78 000	– 56 160
13	3 900 000	78 000	– 56 160	0	– 78 000	– 56 160
14	3 900 000	78 000	– 56 160	0	– 78 000	– 56 160
15	3 900 000	78 000	– 56 160	0	– 78 000	– 56 160
16	3 900 000	78 000	– 56 160	0	– 78 000	– 56 160
17	3 900 000	78 000	– 56 160	0	– 78 000	– 56 160
18	3 900 000	78 000	– 56 160	0	– 78 000	– 56 160
19	3 900 000	78 000	– 56 160	0	– 78 000	– 56 160
20	3 900 000	78 000	– 56 160	3 900 000	– 3 978 000	– 3 956 160
Total		1 560 000	– 1 123 200	3 900 000	– 5 460 000	– 5 023 200
	Coût de l'emprunt	**2,00 %**			**Coût de l'emprunt**	**1,45 %**

- Coût du crédit-bail

Années	Montant économisé	Loyers bruts	Loyers nets d'IS	Option d'achat	Dotations nets d'IS	Flux nets d'IS
	3 900 000					3 900 000
1		– 310 000	– 223 200			– 223 200
2		– 310 000	– 223 200			– 223 200
3		– 310 000	– 223 200			– 223 200
4		– 310 000	– 223 200			– 223 200
5		– 310 000	– 223 200			– 223 200
6		– 310 000	– 223 200			– 223 200
7		– 310 000	– 223 200			– 223 200
8		– 310 000	– 223 200			– 223 200
9		– 310 000	– 223 200			– 223 200
10		– 310 000	– 223 200			– 223 200

Années	Montant économisé	Loyers bruts	Loyers nets d'IS	Option d'achat	Dotations nets d'IS	Flux nets d'IS
11		– 310 000	– 223 200			– 223 200
12		– 310 000	– 223 200			– 223 200
13		– 310 000	– 223 200			– 223 200
14		– 310 000	– 223 200			– 223 200
15		– 310 000	– 223 200	– 500 000		– 882 000
16					– 72 000	– 72 000
17					– 72 000	– 72 000
18					– 72 000	– 72 000
19					– 72 000	– 72 000
20					– 72 000	– 72 000
Taux						**0,89 %**

Le coût de l'emprunt bancaire est de 1,45 % et de 0,89 % pour le crédit-bail. Au regard de cette information, c'est ce dernier qu'il faudrait privilégier.

Cependant, l'emprunt *in fine* est parfaitement adapté pour les investisseurs qui veulent limiter leurs sorties de trésorerie pendant le prêt et qui ont la capacité de rembourser le capital en une fois à l'échéance. Il repose sur un calcul d'intérêts toujours sur la même base (ici le montant emprunté de 3 900 000 €), ce qui est fiscalement avantageux car le montant des charges est plus important que lorsque la base de calcul des annuités s'amenuise au fil des remboursements.

En revanche, en termes de coûts, on a un total inférieur dans le cas d'un emprunt avec annuités constantes que dans le cas d'un remboursement *in fine*.

3. *Calculez le coût moyen pondéré du capital. Quelle est l'utilisation de ce coût dans les problématiques de recherche de financement ?*

	Euros	*Taux de rémunération*
Montant capitaux propres	154 128 924	8,00 %
Montant des dettes à plus d'un an	41 501 583	2,00 %
CMPC	**6,73 %**	

Le coût moyen pondéré constitue le taux de rentabilité annuel attendu par les investisseurs. Il représente également le taux utilisé dans le choix d'investissement pour actualiser les flux de trésorerie.

Pour les actionnaires, ce taux guide la décision d'investir ou non dans cette entreprise. Pour les créanciers, ce taux constitue une mesure du risque qu'ils prennent en faisant crédit à cette entreprise.

4. *Quelle est l'incidence du niveau d'endettement sur le coût du capital de ROCKET&SPACE ?*

Dans la mesure où le coût de l'endettement est de 2 % (1,44 % nets d'IS) et le taux requis par les actionnaires est de 8 %, il est évident qu'il vaut mieux privilégier le mode de financement lié à l'emprunt. Au regard du mode de calcul du CMPC, la pondération du taux le plus bas sur le mode de financement au volume le plus élevé contribue à faire baisser le CMPC. Les capitaux propres sont élevés dans notre cas, à 154 128 924 € (bilan financier après répartition).

5. *Analysez la structure de financement de ROCKET&SPACE.*

La structure de financement est la combinaison des différents modes de financement auxquels la société a recours. La recherche d'une structure de financement obéit à l'idée qu'il existe une combinaison optimale qui minimise le coût du capital et maximise la valeur de l'entreprise.

Dans la logique de raisonnement où le coût des capitaux propres de 8 % est supérieur au coût des dettes de 2 % et 1,44 % net d'IS, on serait tenté d'augmenter l'endettement. Mais cette situation a des limites liées au risque d'endettement trop important qui conduirait les actionnaires à élever encore leur taux requis de rémunération des capitaux propres.

6. *Quels commentaires et préconisations apporter à la situation de la société ROCKET&SPACE au regard des choix de financements à opérer ?*

La situation de ROCKET&SPACE démontre un endettement relativement bas au regard du montant des capitaux propres. On a :

Dettes nettes	26 761 495
Capitaux propres	169 807 835
Ratio d'endettement	**0,16**

Le ratio d'endettement met en évidence la soutenabilité de la dette et l'exposition au risque. L'entreprise est ici dans une situation saine avec un ratio d'endettement à 0,16. Plus ce ratio est faible, plus la soutenabilité de la dette est effective. La société n'est pas exposée au risque de surendettement.

On rappelle à ce titre que l'endettement est sain pour une entreprise, c'est le surendettement qui provoque une non soutenabilité de la dette. C'est le cas ici, l'entreprise est endettée, mais raisonnablement, elle peut envisager encore de s'endetter pour faire face à de nouveaux investissements et profiter de l'effet de levier financier.

CONTRAINTES de FINANCEMENT

1. *Construisez le bilan financier de la société ROCKET&SPACE. Établissez au préalable le tableau des plus ou moins-values à intégrer dans le bilan financier. Commentez.*

- Tableau des plus ou moins-values

Postes bilan comptable N	Montants	Informations bilan financier N	Dégagement de plus-value	Dégagement de moins-value
Frais d'établissement	20 140			20 140
Fonds commercial	–	2 520 500	2 520 500	
Frais de recherche et développement	150 889			150 889
Terrains	685 200	2 950 000	2 264 800	
Installations techniques, matériels et outillages industriel	395 382	325 000		70 382
Stocks et en-cours : produits intermédiaires et finis	2 400 300	2 900 500	500 200	
Créances			–	–
Charges à répartir	12 500			12 500
Écarts de conversion actif	2 010 500			2 010 500
Totaux			**5 285 500**	**2 264 411**
Plus-value globale				**3 021 089**

- Bilan financier

Actif		Passif	
Actifs à plus d'un an corrigés		**Capitaux propres**	
Frais de recherche et développement	0	Capital social	14 252 850
Concession brevets	8 530 764	Prime d'émission	35 723 741
Fonds commercial	2 520 500	Réserve légale	1 425 285
Autres immobilisations incorporelles	1 528 785	Réserve statutaire	5 685 200
Terrains	2 950 000	Autres réserves	81 069 785
Installations techniques, matériels et outillages industriels	325 000	Plus-value globale	3 021 089
Autres immobilisations corporelles	3 901 210	Subventions d'investissement	44 444
Immobilisations en cours	66 852	Provisions réglementées	123 123
Autres participations	150 120 000	Report à nouveau	12 783 407
Autres immobilisations financières à plus d'un an	207 852	**Total I**	**154 128 924**
Clients et comptes rattachés à plus d'un an	2 250 150	**Dettes à plus d'un an**	
Charges constatées d'avance à plus d'un an	100 000	Provisions pour risques	1 245 744
Total I	**172 501 113**	Provision pour charges	44 444
Actif à moins d'un an rectifiés		Emprunts et dettes auprès des EC	2 241 258
Autres immobilisations financières à moins d'un an	150 000	Emprunt et dettes financières divers (dont emprunt participatif)	37 884 285
Produits intermédiaires et finis	2 900 500	Avances et acomptes reçus sur commande	45 852
Marchandises	7 170 106	Dettes sur immobilisation	40 000
Avances et comptes versés sur commandes	54 123	**Total II**	**41 501 583**
Créances clients et comptes rattachés à moins d'un an	16 565 913	**Capitaux permanents**	**195 630 507**
Autres créances	1 547 852	**Dettes à moins d'un an**	
Disponibilités et VMP	20 900 500	Avances et acomptes reçus sur commande	50 000
Charges constatées d'avance à moins d'un an	498 632	Dettes fournisseurs et comptes rattachés	55 777
Total II	**49 878 626**	Dettes fiscales et sociales	5 258 963
		Dettes sur immobilisations	45 855
		Autres dettes	12 852
		Produits constatés d'avance	125 785
		CBC	2 500 000
		Dividendes	18 700 000
		Total III	**26 749 232**
Total général	**222 379 739**	**Total général**	**222 379 739**

- Commentaire

Le bilan financier traduit l'aptitude de ROCKET&SPACE à faire face à ses engagements. Le ratio des capitaux permanents sur les actifs à plus d'un an traduit bien une situation où ROCKET&SPACE est en position de faire face à ses engagements :

Passif à plus d'un an corrigé	195 630 507
Actif à plus d'un an corrigé	172 501 113
Ratio	**1,13**

2. *Estimez les différents équilibres financiers au travers d'une part du calcul du fonds de roulement financier mais également des calculs des différents ratios de liquidité. Commentez la situation de la société ROCKET&SPACE au regard de ces indicateurs.*

- Fonds de roulement financier

Actif à moins d'un an corrigé	49 878 626
– Passif à moins d'un an corrigé	– 26 749 232
= FR Financier	**23 129 394**
Passif à plus d'un an corrigé	195 630 507
– Actif à plus d'un an corrigé	– 172 501 113
= FR Financier	**23 129 394**

Les deux méthodes, par le haut ou bas de bilan, sont concordantes.

Le fonds de roulement financier est très largement positif, avec plus de 23 millions d'euros. La situation est équilibrée et saine financièrement. Les actifs à plus d'un an sont largement couverts par des financements à plus d'un an.

- Ratio de liquidité générale

Actif circulant (à moins d'un an)	49 878 626
Passif à moins d'un an	26 749 232
Ratio de liquidité générale	**1,86**

Le ratio de liquidité générale à 1,86 est satisfaisant car les actifs, s'ils étaient revendus, couvrent largement les passifs à moins d'un an et permettraient de respecter les engagements de l'entreprise.

- Ratio de liquidité réduite

Actif circulant (à moins d'un an) – Stocks	39 808 020
Passif à moins d'un an	26 749 232
Ratio de liquidité réduite	**1,49**

Le ratio de liquidité réduite est supérieur à 1, la situation n'est pas risquée. Ce ratio est satisfaisant car l'actif circulant diminué des stocks permettrait largement, en cas de revente, de faire face au passif à moins d'un an.

- Ratio de liquidité immédiate

Trésorerie actif	20 900 500
Passif à moins d'un an	26 749 232
Ratio de liquidité générale	**0,78**

Le ratio de liquidité immédiate est supérieur à 0,6, repère attendu en général pour ce ratio. La trésorerie de l'actif permet de faire face au passif à moins d'un an. Il n'y a pas de risque dégagé à la lecture de ce ratio non plus.

3. *Évaluez le niveau de risque et de soutenabilité de la dette de la société ROCKET&SPACE. Commentez.*

Le fonds de roulement financier de 23 129 394 révèle une situation où ROCKET&SPACE n'est que peu exposée au risque de non soutenabilité de la dette.

- Capacité de remboursement
  - À partir de la CAF

Dettes	48 260 627
Liquidités + VMP	21 499 132
Dettes nettes	26 761 495
CAF	13 258 741
Capacité de remboursement	**2,02**

  - À partir de l'EBE

Dettes nettes	26 761 495
EBE	18 520 963
Capacité de remboursement	**1,34**

La capacité de remboursement est satisfaisante. En effet, le ratio est inférieur à 3. L'entreprise a la capacité avec sa CAF de rembourser ses dettes à plus et à moins d'un an. Le risque de non-respect des engagements ne semble pas correspondre à la situation.

Cette évaluation du risque de non remboursement est corroborée par le ratio Dettes nettes/EBE, puisque le résultat de 1,44 de ce ratio indique une capacité de remboursement assez rapide des dettes nettes par l'EBE. Le seuil généralement admis comme n'étant pas à dépasser est de 4, l'entreprise est ici bien en-deçà.

- Ratio d'endettement

Dettes à plus et moins d'un an – Liquidités et VAMP	21 737 895
Capitaux propres	154 128 924
Ratio d'endettement	**0,14**

Le ratio d'endettement traduit la soutenabilité ou l'insoutenabilité de la dette. On a ici un ratio bien inférieur à 1 puisqu'il est de 0,14. La société est dans un contexte de soutenabilité de sa dette.

4. *Une nouvelle banque, BM31, contactée par le DAF, propose un prêt bancaire pour financer 30 % du projet CLG'IN assorti d'une garantie réelle sur une immobilisation corporelle de même montant. Soulignez les avantages et inconvénients de cette proposition. Quel conseil donner suite à cette solution ?*

- Avantages

Les garanties réelles conduisent à rassurer les créanciers en cas de défaillance de paiement. Le projet de ROCKET&SPACE est pour l'instant non finalisé en termes de financement. Cette solution est une opportunité à étudier afin d'être en mesure de conclure le projet de lancement de CLG'IN.

- Inconvénients

Comme toute garantie réelle, la défaillance de paiement conduirait la banque à saisir l'immobilisation mise en garantie réelle. L'impact serait difficile pour ROCKET&SPACE car il s'agit probablement d'une immobilisation nécessaire aux activités.

- Conseil

Le sujet signale que ROCKET&SPACE, au regard du secteur innovant et en croissance, est en permanence dans une situation de projets concomitants. Il faut donc diversifier les modes de financements et leurs modalités.

5. *Le bilan comptable fait mention du poste « emprunts et dettes financières divers » au sein duquel est placé un emprunt participatif d'un montant de 2 000 000 €. Quels en sont les avantages et inconvénients dans le contexte de ROCKET&SPACE ?*

Un emprunt participatif est une modalité de collecte de fonds réalisée par le biais d'un site internet, la « plateforme ». Il s'agit d'un financement direct et traçable du prêteur vers l'entreprise sans intermédiaire (hormis la plateforme qui se rémunère) et sans garantie pour le prêteur ou souscripteur. Le financement participatif comporte trois modalités : dons (*crowdfunding*), emprunts (*crowdlending*) et prise de participation (*crowdequity*). Il semble que dans le projet de ROCKET&SPACE, le *crowdlending est le plus adéquat.*

- Avantages

Ce mode de financement permet de réunir des sommes d'argent de façon collective afin de les utiliser dans des projets d'investissements clairement identifiés. Pour ROCKET&SPACE, qui œuvre dans un domaine innovant et attractif, il est clair que l'état d'esprit des contributeurs peut rendre cette opération et ce mode de financement adéquats.

- Inconvénients

Il faut être suffisamment attractifs, sur le projet en lui-même, le taux et modalités de remboursement, afin d'attirer suffisamment de contributeurs pour obtenir les fonds attendus.

PLAN de FINANCEMENT

1. *Présentez les trois premières années du tableau d'amortissement de l'emprunt bancaire n° 1 de 600 000 € (annuité constante avec un taux d'intérêt annuel de 3 %).*

Prenons une durée de 7 ans pour l'emprunt bancaire.

Année	Capital restant dû	Intérêts	Amortissements	Annuités
N	600 000,00	18 000,00	78 303,81	96 303,81
N+1	521 696,19	15 650,89	80 652,93	96 303,81
N+2	441 043,26	13 231,30	83 072,51	96 303,81

2. *Élaborez le plan de financement initial sur 3 ans de HLGSPACE (avec l'emprunt n° 1 et l'augmentation de capital).*

	Début N	Fin N	N+1	N+2
Ressources				
CAF		270 344,00	338 865,76	414 121,31
Augmentation de capital	830 000,00			
Emprunt bancaire n° 1	600 000,00			
Total ressources	**1 430 000,00**	**270 344,00**	**338 865,76**	**414 121,31**
Emplois				
Investissement	1 085 000,00			
Augmentation du BFRE	442 000,00	44 200,00	48 620,00	53 482,00
Dividendes			65 600,00	75 500,00
Remboursement emprunt n° 1		78 303,81	80 652,93	83 072,51
Total emplois	**1 527 000,00**	**122 503,81**	**194 872,93**	**212 054,51**
Écarts	**– 97 000,00**	**+ 147 840,19**	**+ 143 992,84**	**+ 202 066,79**
Trésorerie initiale	0,00	– 97 000,00	50 840,19	194 833,02
Trésorerie finale	**– 97 000,00**	**50 840,19**	**194 833,02**	**396 899,81**

3. *Commentez la situation financière de HLGSPACE à cette étape. Identifiez quelques modalités d'équilibrage du plan de financement actuel.*

La société HLGSPACE se lance dans une nouvelle activité innovante dans le secteur informatique. Il lui faut pour cela présenter un plan de financement viable afin de négocier et tenter d'obtenir les financements envisagés.

Le premier plan de financement initial, comportant en ressources une augmentation de capital de 830 000 € et un emprunt bancaire de 600 000 €, aboutit à un déséquilibre en début N de 97 000 €.

Cette situation est trop risquée, tout le plan de financement à partir de fin N repose sur un prévisionnel de CAF et donc de chiffre d'affaires qu'il est difficile d'estimer de façon précise. Il est dangereux de cumuler les risques de non réalisation du chiffre d'affaires prévisionnel fin N et déséquilibre en début N. Certes, la situation s'améliore très vite fin N et en N+1, N+2, mais il semble inenvisageable de laisser un tel déséquilibre en début N.

Dans ce contexte, trop d'incertitudes pesant sur le début N, un nouveau financement doit être pensé. Plusieurs solutions sont envisageables. La solution de l'emprunt Bpifrance est adaptée à ce contexte d'innovation et de création d'activité.

4. *Présentez le tableau d'amortissement de ce nouvel emprunt sur 3 ans au taux d'intérêt annuel de 5 %. Cet emprunt sera remboursé avec des annuités calculées avec des remboursements constants du capital emprunté.*

Année	Capital restant dû	Intérêts	Amortissements	Annuités
N	100 000,00	5 000,00	33 333,33	38 333,33
N+1	66 666,67	3 333,33	33 333,33	36 666,66
N+2	33 333,33	1 666,67	33 333,33	35 000,00

5. *Élaborez le plan de financement réajusté sur 3 ans avec cette nouvelle information de financement.*

- Calcul de la nouvelle CAF

	N	N+1	N+2
CAF initiale	270 344,00	338 865,76	414 121,31
Intérêts nets d'IS	3 600,00	2 400,00	1 200,00
CAF rectifiée	**266 744,00**	**336 465,76**	**412 921,31**

- Plan de financement réajusté

	Début N	Fin N	N+1	N+2
Ressources				
Nouvelle CAF		**266 744,00**	**336 465,76**	**412 921,31**
Augmentation de capital	830 000,00			
Emprunt bancaire n° 1	600 000,00			
Emprunt bancaire n° 2	**100 000,00**			
Total ressources	**1 530 000,00**	**266 744,00**	**336 465,76**	**412 921,31**
Emplois				

	Début N	Fin N	N+1	N+2
Investissement	1 085 000,00			
Augmentation du BFRE	442 000,00	44 200,00	48 620,00	53 482,00
Dividendes			65 600,00	75 500,00
Remboursement emprunt n° 1		78 303,81	80 652,93	83 072,51
Remboursement emprunt n° 2		**33 333,33**	**33 333,33**	**33 333,33**
Total emplois	1 527 000,00	**155 837,15**	**228 206,26**	**245 387,85**
Écarts	**+ 3 000,00**	**+ 110 906,85**	**+ 108 259,50**	**+ 167 533,46**
Trésorerie initiale	0,00	3 000,00	113 906,85	222 166,36
Trésorerie finale	**3 000,00**	**113 906,85**	**222 166,36**	**389 699,81**

6. *Ce nouveau plan de financement est-il totalement satisfaisant ?*
Faites un commentaire structuré et argumenté de la situation.

La société HLGSPACE se lance dans cette nouvelle activité innovante dans le secteur aérospatial, qui nécessite un investissement élevé au départ. Il lui faut pour cela présenter un plan de financement viable dès le début N afin de négocier et tenter d'obtenir les financements envisagés.

Le premier plan de financement initial, comportant en ressources une augmentation de capital de 830 000 € et un emprunt bancaire de 600 000 €, aboutit à un déséquilibre en début N de 97 000 €. Le nouveau plan de financement comporte maintenant un nouvel emprunt de 100 000 € remboursable en 3 ans cautionné par Bpifrance. Les équilibres sont désormais obtenus dès le début N, le plan est présentable auprès des financeurs. Une sécurité de 3 000 € est également disponible pour faire face à d'éventuels imprévus, classiques lors d'un lancement d'activité.

Ce deuxième plan est-il néanmoins satisfaisant ? Le début d'année N est satisfaisant, mais les trésoreries de fin N à N+2 sont finalement excessives. Cela nécessiterait de repenser l'échéancier des emprunts. Le premier emprunt de 600 000 € pourrait être remboursé sur 3 ans afin de limiter le coût de l'emprunt total. Même si ces trois années sont basées sur un CA prévisionnel, il semble peu judicieux de laisser ainsi, avec au total une trésorerie oisive importante fin N+2.

CHAPITRE 16 La gestion de trésorerie

Évaluer les savoirs

1 Quiz

1. **Vrai.** C'est une charge d'exploitation décaissable.
2. **Faux.** Le résultat est un poste calculé qui n'a pas d'impact sur la trésorerie.
3. **Vrai.** Il diminue la trésorerie.
4. **Vrai.** Il faut les payer.
5. **Faux.** C'est une charge calculée sans effet sur la trésorerie.
6. **Vrai.** Il faut payer les factures fournisseurs.
7. **Vrai.** Le mois où elle est réglée.
8. **Vrai.**
9. **Faux.** C'est une charge calculée.

Toutes les charges enregistrées en comptabilité ne donnent pas lieu à un paiement, c'est le cas des charges calculées (amortissements, dépréciations, provisions). De la même façon, certains produits sont non encaissables (reprises sur dépréciations et provisions, VCEAC ou résultat).

2 Conditions de règlement

Donnez les dates prévisionnelles d'encaissement des ventes d'avril avec les conditions de règlement suivantes :

- à 15 jours : 50 % en avril et 50 % en mai.
- à 30 jours : 100 % en mai.
- à 30 jours fin de mois : 100 % à la fin du mois de mai.
- à 45 jours : 50 % en mai (les achats entre le 1er et le 15 avril seront réglés entre le 15 et le 31 mai) et 50 % en juin (les achats de la deuxième quinzaine d'avril seront payés entre le 1er et le 15 juin).

3 Trésorerie de printemps

1. Indiquez comment les prévisions contenues dans le tableau ont été obtenues.

Les prévisions sont obtenues à partir de budgets : budget des achats, budget des ventes, budget des investissements, etc. Une fois les montants connus, il faut les affecter à un mois en fonction des durées de règlement accordées ou obtenues.

Il faut aussi calculer le montant TTC chaque fois que la TVA s'applique.

2. Complétez le tableau en précisant pour chaque mois la variation de trésorerie et la position de trésorerie finale.

	Avril	Mai	Juin
Trésorerie initiale	11 000	**35 000**	**65 000**
Encaissements	806 000	920 000	910 000
Décaissements	782 000	890 000	992 000
Variation de trésorerie	**24 000**	**30 000**	**– 82 000**
Trésorerie finale	**35 000**	**65 000**	**– 17 000**

3. Que signifie une trésorerie négative ?

Une trésorerie négative signifie que le compte bancaire est à découvert ou débiteur.

Maîtriser les compétences

❹ Tableau de TVA

Compétence attendue

Construire un budget de trésorerie

1. Présentez le tableau de la TVA relatif au 1er trimestre N.

	Avril	Mai	Juin
TVA collectée	200 000	210 000	240 000
TVA déductible • Sur achat de marchandises • Sur autres charges • Sur investissements	 120 000 20 000 0	 140 000 24 000 30 000	 120 000 20 000 0
TVA à payer	**60 000**	**16 000**	**100 000**

2. Précisez le mois du paiement de la TVA.

La TVA due au titre d'un mois est réglée dans le courant du mois suivant : la TVA de janvier sera réglée en février.

❺ Bagel

Compétences attendues

- **Caractériser** la notion de prévision de trésorerie
- **Construire** un budget de trésorerie

1. Explicitez l'objectif du budget de trésorerie.

Les objectifs du budget de trésorerie sont :

- prévoir les besoins de financement à court terme pour déterminer les ressources nécessaires (ou prévoir les excédents pour organiser au mieux les placements) ;
- réduire les frais financiers grâce à une bonne gestion ;
- se prémunir contre le risque de cessation de paiement ;
- vérifier la cohérence de la politique suivie par l'entreprise.

2. Établissez les tableaux préparatoires (TVA, encaissements, décaissements).

- Calculs préalables

Un mois donné, on encaisse la moitié des ventes TTC du mois précédent et la moitié des ventes TTC du mois.

- Pour janvier : 1 080 000 + 50 % × 2 000 000 × 1,20 = 2 280 000 €
- Pour février : 50 % ×2 000 000 × 1,20 + 50 % × 2 100 000 × 1,20 = 2 460 000 €
- Pour mars : 50 % × 2 100 000 × 1,20 + 50 % × 2 200 000 × 1,20 = 2 580 000 €

- Tableau de la TVA

	Janvier	Février	Mars
TVA collectée	400 000	420 000	440 000
TVA déductible • Sur achat de marchandises • Sur autres charges	 220 000 30 000	 240 000 30 000	 240 000 32 000
TVA à payer	**150 000**	**150 000**	**168 000**

- Tableau des décaissements

Les achats TTC d'un mois sont réglés le mois suivant. Les charges d'exploitation, soumises à la TVA, sont à prendre TTC.

	Janvier	Février	Mars
Fournisseurs (au bilan)	490 000	0	0
Achats TTC	0	1 320 000	1 440 000
Charges de personnel	680 000	700 000	720 000
Autres charges TTC	180 000	180 000	190 000
TVA à payer	136 000	150 000	150 000
Total	**1 486 000**	**2 350 000**	**2 502 000**

3. Présentez le budget de trésorerie. Commentez.

	Janvier	Février	Mars
Trésorerie initiale	24 000	818 000	928 000
Encaissements	2 280 000	2 460 000	2 580 000
Décaissements	1 486 000	2 350 000	2 502 000
Trésorerie fin de mois	**818 000**	**928 000**	**1 006 000**

- Commentaire

La société dispose d'une trésorerie confortable et en augmentation. Elle peut envisager de rembourser des emprunts ou de placer les excédents si cette tendance est confirmée pour les périodes suivantes.

Préparer l'épreuve

6 Société LOBAR

Compétence attendue

Construire un budget de trésorerie

1. Présentez les tableaux des encaissements, de la TVA et des décaissements.

- Tableau des encaissements

Chaque mois, l'entreprise encaisse 50 % des ventes TTC du mois précédent + 50 % des ventes TTC du mois.

- Pour janvier : 10 000 × 50 % × 1,20 = 6 000 k€
- Pour février : (10 000 × 50 % + 10 000 × 50 %) × 1,20 = 12 000 k€
- Pour mars : (10 000 × 50 % + 12 000 × 50 %) × 1,20 = 13 200 k€

Sommes en k€	Janvier	Février	Mars
Créances clients (bilan)	5 540	0	0
Ventes TTC	6 000	12 000	13 200
Total	**11 540**	**12 000**	**13 200**

- Tableau de la TVA
  - TVA déductible en janvier : (4 000 + 1 200) × 0,20 = 1 040 k€
  - TVA déductible en février : (4 000 + 1 200 + 700) × 0,20 = 1 180 k€
  - TVA déductible en mars : (5 000 + 1 200) × 0,20 = 1 240 k€

Sommes en k€	Janvier	Février	Mars
TVA collectée	2 000	2 000	2 400
– TVA déductible	– 1 040	– 1 180	– 1 240
TVA à payer	**960**	**820**	**1 160**

- Tableau des décaissements

Sommes en k€	Janvier	Février	Mars
Fournisseurs (au bilan)	4 120	0	0
Achats TTC	0	4 800	4 800
Salaires	3 000	3 000	3 050
Charges sociales	500	500	550
Autres charges TTC	1 440	1 440	1 440
TVA à payer	670	960	820
Investissements TTC	0	840	0
Remboursement emprunt	0	0	3 900
Total	**9 730**	**11 540**	**14 560**

2. Établissez le budget de trésorerie. Commentez.

Sommes en k€	Janvier	Février	Mars
Trésorerie initiale	2 950	4 760	5 220
+ Encaissements	11 540	12 000	13 200
– Décaissements	– 9 730	– 11 540	– 14 560
= Trésorerie fin de mois	**4 760**	**5 220**	**3 860**

On constate que la trésorerie prévisionnelle est positive à la fin de chaque mois.
L'entreprise doit pouvoir investir comme prévu et procéder au remboursement de l'emprunt sans que cela entraîne une baisse significative de ses liquidités. En attendant, le trésorier devra placer ces excédents.

7 Société MAGNAC

Compétences attendues
- **Construire** un budget de trésorerie
- **Commenter** le principe de l'équilibrage de la trésorerie

1. Présentez le tableau des encaissements et le budget de la TVA.

- Tableau des encaissements

Les sommes doivent être prises TTC (montant effectivement encaissé ou décaissé).
- Clients français de janvier : (8 600 – 600) × 1,20 = 9 600 k€
- Clients étrangers : les exportations ne sont pas soumises à la TVA. En janvier : 600 k€ encaissés en février
- Cessions d'éléments d'actif : 1 800 × 1,20 = 2 160 k€

Sommes en k€	Janvier	Février	Mars
Créances clients (bilan)	9 860	0	0
Clients français	0	9 600	10 080
Clients étrangers	0	600	400
Cessions d'éléments d'actif	2 160	0	0
Total	**13 020**	**10 200**	**10 480**

- Tableau de la TVA
  - TVA collectée en janvier : (8 000 + 1 800) × 0,20 = 1 960 k€
  - TVA déductible en janvier : (2 900 + 250) × 0,20 = 630 k€
  - TVA déductible en février : (5 100 + 250) × 0,20 = 1 070 k€
  - TVA déductible en mars : (4 100 + 250) × 0,20 = 870 k€

Sommes en k€	Janvier	Février	Mars
TVA collectée	1 960	1 680	1 380

Sommes en k€	Janvier	Février	Mars
– TVA déductible	– 630	– 1 070	– 870
TVA à payer	**1 330**	**610**	**510**

La TVA de janvier sera réglée en février, celle de février en mars, etc.

2. Complétez le tableau des décaissements.

Sommes en k€	*Janvier*	*Février*	*Mars*
Fournisseurs (au bilan)	640	0	0
Achats TTC	2 040	3 480	6 120
Salaires	4 500	4 500	4 560
Charges sociales	1 600	1 800	1 800
Autres charges TTC	300	300	300
Autres charges non soumises à TVA	240	240	240
TVA à décaisser	585	1 330	610
Total	**9 905**	**11 650**	**13 630**

3. Élaborez le budget de trésorerie proprement dit.

Sommes en k€	Janvier	Février	Mars
Trésorerie initiale	950	3 065	1 615
+ Encaissements	12 020	10 500	10 480
– Décaissements	– 9 905	– 11 650	– 13 630
= Trésorerie fin de mois	**3 065**	**1 615**	**– 1 535**

4. Refaites les questions 1 à 3 dans l'hypothèse où le CAHT prévisionnel baisserait de 10 %, les achats et autres charges restant inchangés. Commentez.

La baisse de CA a un impact sur la TVA qui diminue également.

- Tableau des encaissements

Sommes en k€	Janvier	Février	Mars
Créances clients (bilan)	9 860	0	0
Clients français	0	**8 640**	**9 072**
Clients étrangers	0	**540**	**360**
Cessions d'éléments d'actif	2 160	0	0
Total	12 020	**9 180**	**9 412**

Clients français de janvier : 8 000 × 0,9 × 1,20 = 8 640 k€ dont 1 440 k€ de TVA

- Tableau de la TVA

Sommes en k€	Janvier	Février	Mars
TVA collectée	**1 800**	**1 512**	**1 350**
– TVA déductible	– 630	– 1 070	– 870
TVA à payer	**1 170**	**442**	**480**

- Tableau des décaissements (seule la TVA à payer est modifiée)

Sommes en k€	Janvier	Février	Mars
Fournisseurs (au bilan)	640	0	0
Achats TTC	2 040	3 480	6 120
Salaires	4 500	4 500	4 560
Charges sociales	1 600	1 800	1 800
Autres charges TTC	300	300	300
Autres charges non soumises à TVA	240	240	240
TVA à décaisser	585	**1 170**	**442**
Total	9 905	**11 490**	**13 462**

- Budget de trésorerie

Sommes en k€	Janvier	Février	Mars
Trésorerie initiale	950	3 065	**775**
+ Encaissements	12 020	**9 180**	**9 412**
– Décaissements	– 9 905	**– 11 490**	**– 13 462**
= Trésorerie fin de mois	3 065	**775**	**– 3 295**

- Commentaire

On constate que la baisse de 10 % du chiffre d'affaires a des conséquences négatives sur la trésorerie, qui baisse en février et devient très négative en mars.

5. Expliquez en quoi consiste l'équilibrage de la trésorerie.

L'objectif de l'équilibrage est de parvenir à des soldes de trésorerie voisins de zéro. Plusieurs moyens permettent d'y parvenir :

- trouver les financements à court terme nécessaires, ainsi que des placements pour les excédents ;
- déplacer la date d'une opération pour réduire ou annuler un déficit ;
- négocier les durées des crédits clients et fournisseurs ;
- etc.

CHAPITRE 17 Les financements à court terme

Évaluer les savoirs

1 Quiz

1. Vrai. C'est la règle.
2. Vrai. Le découvert est considéré plus risqué pour la banque.
3. Vrai. L'entreprise reçoit le montant des effets net d'agios.
4. Faux. Certaines sont proportionnelles au montant.
5. Faux. Il est plutôt réservé aux grosses sociétés.
6. Vrai. Actuellement, ces taux sont très faibles.
7. Vrai. Ce sont des filiales de banques.
8. Vrai. On distingue le marché interbancaire (réservé aux banques et à la banque centrale) et le marché des titres de créances négociables.
9. Vrai. Ce taux est actuellement égal à 0.
10. Faux. Le taux de revient tient compte des commissions et autres frais.
11. Vrai.

2 Coût d'un découvert

Calculez les agios et le taux de revient du crédit pour des durées de 10, 20 et 30 jours. Commentez.

- Calcul des agios

Durée du découvert	10 jours	20 jours	30 jours
Intérêts débiteurs	150 000 × 0,06 ×10/360 = 250	500	750
CPFD	150 000 × 0,05 % = 75	75	75
Total	**325**	**575**	**825**

- Taux de revient du découvert t

  – 10 jours : $\dfrac{150000 \times 10 \times t}{360} = 325$, d'où $t = 7{,}8$ %

  – 20 jours : $\dfrac{150000 \times 20 \times t}{360} = 575$, d'où $t = 6{,}9$ %

  – 30 jours : $\dfrac{150000 \times 30 \times t}{360} = 825$, d'où $t = 6{,}60$ %

- Commentaire

On constate que l'impact de la CPFD est d'autant plus important que le découvert est plus court. L'impact est minimum quand le découvert dure tout le mois (0,60 %).

❸ Effets à escompter

Quels effets l'entreprise doit-elle escompter ? Commentez.

On sait que seul le montant net d'agios est versé sur le compte de la banque. Pour que le montant net soit au moins égal à 100 000 €, l'entreprise doit remettre à l'escompte un montant supérieur à 100 000 €.

Les deux plus gros effets (62 000 et 30 000) ne suffisent pas ; il faut escompter les effets de 15 000, 25 000 et 62 000, soit 102 000 € au total.

On constate que l'entreprise doit escompter une somme bien supérieure au besoin à financer et que l'escompte n'est sans doute pas, dans ces conditions, le crédit le moins cher. Le taux nominal n'est pas le seul élément à considérer ; il faut calculer le coût total du financement ou déterminer son taux de revient réel.

❹ Coût d'escompte

Calculez le coût (en €) de cette opération.

- Nombre de jours sur lesquels est calculé l'escompte

– du 20/05 au 10/06 : 11 jours en mai + 10 jours en juin	21 jours
– jours de banque :	2 jours
– Total	23 jours

- Taux de l'opération

La commission d'endos s'ajoute au taux de l'escompte. Taux total : 7 %.

- Calcul des agios

– Intérêts débiteurs : 3 000 × 23 × 7 % / 360	3,42
– Commission fixe : 4 × 2	8
– Total des agios	21,42

Maîtriser les compétences

❺ Socodex

Compétences attendues

- **Distinguer** les principales modalités de financement des déficits à court terme
- **Arbitrer** entre les différentes modalités de financement

1. Quels effets la société doit-elle porter à l'escompte ?

La somme des valeurs nettes des effets escomptés doit atteindre 200 000 €. Les effets dont l'échéance se situe au 15 juin ne suffisent pas ; on rajoute l'effet de 40 000 € échéant le 20 juin : 80 000 + 65 500 + 21 000 + 40 000 = 206 500 €

2. Quel financement doit-elle choisir ? Commentez le résultat.

- Coût de l'escompte

Durées d'escompte : mai + juin = 8 + 15 = 23 jours et 8 + 20 = 28 jours

La commission d'endos fonctionne comme un taux d'intérêt ; on l'ajoute à ce taux :
5,7 % + 0,6 % = 6,3 %.

$$\frac{166500 \times 0{,}063 \times (23+1)}{360} + \frac{40000 \times 0{,}063 \times (28+1)}{360} + 4 \times 2{,}4 = 911{,}90 \text{ €}$$

- Coût du découvert

$$\frac{200000 \times 0{,}0685 \times 20}{360} + 200000 \times \frac{1}{2000} \times 2 = 761{,}11 + 200 = 961{,}11 \text{ €}$$

- Solution mixte

L'un des effets ayant une date d'échéance très postérieure à la fin du découvert, il est possible de renoncer à son escompte et de le remplacer par un découvert :

$$\frac{166500 \times 0{,}063 \times (23+1)}{360} + \frac{34206{,}50^{*} \times 0{,}0685 \times 20}{360} + \frac{34206{,}50}{2000} \times 2 + 3 \times 2{,}4 = 870{,}88 \text{ €}$$

La solution mixte est la plus avantageuse.

- Commentaire

Bien que le taux du découvert soit plus élevé que celui de l'escompte, on constate que le calcul des agios se fait sur un nombre de jours plus important (la date d'échéance ne coïncidant pas avec la date de fin de découvert) et sur un montant plus élevé (le total des effets est supérieur au montant du découvert).

L'escompte est moins souple que le découvert. Si l'entreprise a la possibilité de placer la trésorerie excédentaire apportée par l'escompte, il faudrait en tenir compte dans les calculs de coût.

6 Cashmere

Compétences attendues

- **Distinguer** les principales modalités de financement des déficits à court terme
- **Arbitrer** entre les différentes modalités de financement

1. Calculez le montant des financements nécessaires.

- Avril

Montant des effets en portefeuille : 5 200 k€, d'où recours à l'escompte uniquement (échéance des effets : fin mai).

Soit X le montant à escompter (fin avril) si on veut disposer d'un montant net de 550 k€ :

$$X - \frac{X \times 31 \times 0{,}065}{360} = 550 \rightarrow X \approx 553 \text{ k€}$$

- Mai

Nouveau solde fin mai : les effets escomptés fin avril ne seront pas encaissés comme prévu en mai

– Encaissements : 4 450 – 553 (effets escomptés fin avril)	3 897
– Décaissements :	– 5 550
Total	– 1 653

– Montant à escompter (échéance des effets : fin juin)

$$X - \frac{X \times 0{,}065 \times 30}{360} = 1\,653 \rightarrow X \approx 1\,662 \text{ k€}$$

- Juin

Solde de fin juin : 5 250 – 1 662 (effets escomptés fin mai) – 3 600 = –12 k€

2. Présentez un budget de trésorerie équilibré relatif aux trois mois concernés.

Sommes en k€	Avril	Mai	Juin
Encaissements prévus	5 400	4 450	5 250
– Effets escomptés les mois précédents	0	– 553	– 1 662
+ Montant net escompté	550	1 653	0
– Décaissements	– 5 950	– 5 550	– 3 600
Écart mensuel	0	0	– 12
= Trésorerie (disponibilités) fin de mois	**0**	**0**	**– 12**

La trésorerie négative de juin correspond aux agios relatifs à l'escompte.

7 Crédit spot

Compétence attendue

Arbitrer entre les différentes modalités de financement

1. Expliquez ce que sont les agios précomptés.

Des agios ou des intérêts sont dits précomptés lorsqu'ils sont déduits au départ lors du versement du crédit sur le compte de l'entreprise.

C'est toujours le cas en cas d'escompte d'effets de commerce.

2. Calculez le coût du crédit spot en euros.

- Durée du crédit : 30 (septembre) + 1 (jour de banque) = 31 jours
- Intérêts : 200 000 × 0,024 × 31/360 = 413,33 €

3. Calculez le taux de revient du crédit spot.

- Durée réelle du crédit : 30 jours
- Coût : 413,33 €
- Montant réel du crédit obtenu : 200 000 – 413,33 = 199 586,67 €
- Taux de revient : $\frac{199586{,}67 \times 30 \times t}{360} = 413{,}33$, d'où $t = 2{,}485$ %

Préparer l'épreuve

8 Cas Tiépolo

Compétence attendue

Arbitrer entre les différentes modalités de financement

1. Rappelez la règle de calcul des jours et vérifiez les durées indiquées dans le tableau.

On calcule la durée entre le lendemain de la négociation et la date d'échéance incluse.

- A : 31 + 31 + 1 = 63 jours
- B : 31 + 31+ 8 = 70 jours
- C : 31 + 31 + 15 = 77 jours
- D : 31 + 31 + 30 = 92 jours

2. Calculez le montant des agios HT et TTC (taux de TVA : 20 %) et le montant net reçu.

La commission d'endos fonctionnant comme un taux d'intérêt, on la rajoute pour obtenir un taux d'intérêt commission d'endos comprise : 5,30 % + 0,60 % = 5,90 %

Intérêts débiteurs : $\dfrac{(7000 \times 63 + 1600 \times 70 + 6000 \times 77 + 8500 \times 92) \times 5{,}90\ \%}{360} = 294{,}51$ €

Commissions HT : 4 × 30 = 120 €

- Agios HT : 410,51 €

TVA sur les commissions : 120 × 20 % = 24 €

- Agios TTC : 438,51 €
- Montant net reçu : 7 000 + 1 600 + 6 000 + 8 500 – 438,51 = 22 661,49 €

3. Calculez le taux réel de l'escompte (1 an = 365 jours), sachant que la date de valeur des effets remis à l'encaissement est « date d'échéance + 4 jours calendaires ».

L'entreprise aurait récupéré le montant quatre jours plus tard si elle avait attendu l'encaissement des effets au lieu de les escompter ; le crédit réel est donc plus long que celui pris en compte ci-avant.

Montant des frais d'escompte (sans la TVA sur les commissions, qui est déductible) : 414,51 €

On a :

$$\frac{(7\,000 \times 67 + 1\,600 \times 74 + 6\,000 \times 81 + 8\,500 \times 96) \times t}{365} = 414{,}51$$

Avec $t = 8$ %

Le taux est supérieur au taux d'escompte proprement dit.

La TVA étant déductible, elle est exclue du taux de revient.

9 Cas Breiz

Compétences attendues

- **Distinguer** les principales modalités de financement des déficits à court terme
- **Arbitrer** entre les différentes modalités de financement

1. Précisez la date de négociation des effets et le numéro des effets à négocier pour couvrir le découvert.

Les effets doivent être négociés la veille de l'apparition du déficit, donc le 11 mai (la date de valeur de l'opération étant le 12 mai).

Le montant remis à l'escompte doit être supérieur à celui du découvert à financer afin que le montant net d'agios soit au moins égal à 80 000 €.

Montant des effets négociés (112, 113, 115) : 20 000 + 55 0000 + 8 000 = 83 000 €.

2. Trouvez le financement le moins coûteux.

- Découvert
  - Durée : 15 jours (du 12 au 26 mai inclus)
  - Intérêts débiteurs : $\frac{80\ 000 \times 0{,}085 \times 15}{360} = 283{,}33$ €
  - CPFD : 80 000 × 0,05 % = 40 €

Coût total du découvert : 323,33 €

- Escompte
  - Durée : 20 + 1 = 21 jours et 30 + 1 = 31 jours
  - Intérêts débiteurs : $\frac{75\ \ 000 \times 0{,}081 \times 21 + 8\ 000 \times 0{,}081 \times 31}{360} = 410{,}18$ €
  - Commission fixe HT : 5 × 3 = 15 €

Coût total de l'escompte : 425,18 €

- Commentaire

Le découvert se révèle le moins coûteux, malgré un taux plus élevé. Le coût est calculé sur une durée nettement plus courte et sur un montant moins important.

3. Calculez le taux de revient du découvert.

$\frac{80\ 00 \times 015 \times t}{360} = 323{,}33$ €, d'où $t = 9{,}70$ %

On constate une majoration de 1,2 % par rapport au taux nominal ; elle est due à la CPFD.

CHAPITRE 18

Le placement des excédents de trésorerie sur les marchés financiers

Évaluer les savoirs

1 Quiz

1. Vrai. Il y a les SICAV monétaires, les SICAV actions, les SICAV diversifiées…

2. Vrai. Le minimum d'un TCN est de 150 000 €.

3. Faux. Il faut placer au moins 150 000 € et remplir d'autres conditions.

4. Faux. On peut examiner les fluctuations du cours.

5. Vrai. La rentabilité est certaine et ne connaît pas de fluctuations.

6. Vrai. Mais faible rémunération.

7. Vrai. Le risque global se décompose en risque de marché et risque spécifique.

8. Vrai. Le risque spécifique dépend uniquement de l'entreprise.

9. Faux. Elles font partie du risque de marché.

10. Vrai. Les différents risques spécifiques se compensent.

11. Vrai. Il faut intégrer les décisions de placement pour présenter le budget de trésorerie définitif.

2 Rentabilité d'une action

1. Sachant que l'action était cotée 241 au début du premier mois, calculez le taux de rentabilité mensuel de l'action.

On calcule le rapport $\frac{\text{Écart de cours du mois}}{\text{Cours au début du mois}}$

1	2	3	4	5	6
$\frac{4}{241}$ = 1,66 %	$\frac{3}{245}$ = 1,22 %	$\frac{6}{248}$ = 2,42 %	$\frac{-6}{254}$ = – 2,36 %	$\frac{17}{248}$ = 6,86 %	0 %

2. Calculez la rentabilité semestrielle moyenne.

$$\text{Rentabilité semestrielle} = \frac{1{,}66+1{,}22+2{,}42-2{,}36+6{,}86+0}{6} = 1{,}63\ \%$$

3. Calculez l'écart-type de la rentabilité de l'action. Commentez.

Il faut d'abord calculer la variance de la rentabilité :

$$VAR(R) = \frac{\sum_{i=1}^{n} R_i^2}{n} - \overline{R}^2 = \frac{1{,}66^2 + 1{,}22^2 + 2{,}42^2 + (-2{,}36)^2 + 6{,}86^2 + 0}{6} - 1{,}63^2$$

$$= 10{,}45 - 2{,}66 = 7{,}79$$

Écart-type de la rentabilité mensuelle : $\sqrt{7{,}79} = 2{,}79$ %

La rentabilité de l'action peut s'écarter de 2,79 % en plus ou en moins. La rentabilité moyenne s'élevant à 1,63 %, on peut considérer que le risque attaché au titre est assez élevé.

4. Quels sont les avantages qu'une entreprise peut retirer de l'écart-type ?

L'écart-type mesure le niveau de risque, c'est-à-dire l'importance des fluctuations autour de la rentabilité moyenne. C'est un outil de décision (dans la pratique cette information n'est pas toujours connue).

Maîtriser les compétences

❸ Placement en actions

Compétences attendues

- **Identifier** la relation entre incertitude et rentabilité exigée par le marché
- **Calculer** la rentabilité espérée ou la valeur théorique sur une période d'un titre financier

1. En quoi ce placement est-il risqué ? Précisez ce qu'est la prime de risque.

Le cours des actions est susceptible de varier en fonction de différents facteurs pouvant affecter le marché ou la société cotée (conjoncture, niveau des taux d'intérêt, résultats, etc.). Le risque est d'autant plus grand que ces variations sont importantes.

Diverses méthodes permettent d'évaluer ce risque (volatilité du titre, écart-type de la rentabilité, etc.).

La prime de risque est le supplément de rentabilité exigé d'un actif risqué par rapport à la rentabilité d'un actif non risqué.

2. Calculez le rendement annuel brut des actions.

$$\frac{\text{Dividende}}{\text{Cours}} = \frac{21}{652} = 3{,}22\ \%$$

3. Calculez le taux de rentabilité attendu de ce placement si les actions sont conservées 2 ans et le dividende versé en fin d'année.

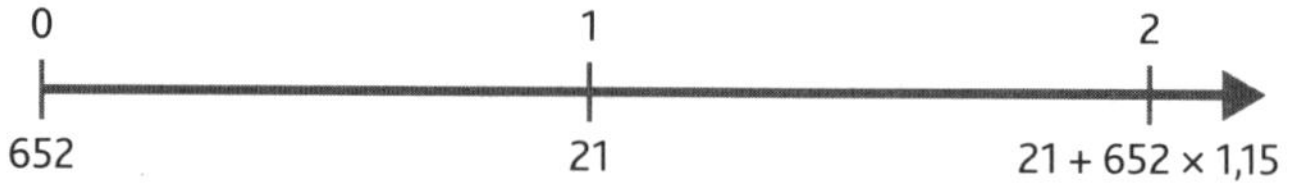

Il s'agit du taux qui réalise l'équivalence entre le prix de l'action et les flux attendus actualisés à ce taux.

Soit t le taux de rentabilité cherché :

$652 = 21 \times (1 + t)^{-1} + (21 + 652 \times 1{,}15) \times (1 + t)^{-2}$

D'où $t = 10{,}35$ %

4 Diversification

Compétence attendue

Calculer la rentabilité espérée ou la valeur théorique sur une période d'un titre financier

1. Quelle sera la rentabilité moyenne si les obligations représentent 40 % du total ?

6,2 % × 0,6 + 1,8 % × 0,4 = 4,44 %

2. Que peut-on dire du niveau de risque du nouveau portefeuille ?

Le niveau de risque sera abaissé ; en effet, les obligations d'État sont considérées sans risque. L'écart-type de la rentabilité d'un actif sans risque est égal à 0. On peut calculer la variance et l'écart-type de la rentabilité du nouveau portefeuille (sachant que les proportions doivent être prises « au carré » pour calculer la variance) :

- $VAR = 0{,}15^2 \times 0{,}6^2 + 0 = 0{,}0081$
- $\sigma = \sqrt{0{,}00811} = 0{,}09 = 9\ \% < 15\ \%$

On constate que l'écart-type de la rentabilité, donc le risque, a diminué grâce à la diversification du portefeuille.

3. Quel est l'intérêt de la diversification ?

La diversification d'un portefeuille consiste à acquérir des actions de différents secteurs et/ou d'acquérir divers types d'instruments financiers. Cela permet de réduire voire supprimer le risque spécifique attaché aux actions et/ou de réduire le niveau de risque global du portefeuille.

5 Placements et budget de trésorerie

Compétence attendue

Incorporer les gains des placements dans le budget de trésorerie

1. Rappelez ce qu'est un TCN.

Ce sont des titres de créance émis sur le marché monétaire. Ils font partie des instruments financiers et sont négociables. On peut distinguer :

- les titres de créance négociables à court terme (1 jour à 1 an) ;
- les titres de créance négociables à moyen terme (supérieure à 1 an).

Le montant nominal étant de 150 000 €, leur émission est réservée aux très grosses sociétés ; leur souscription est ouverte à tous les agents économiques.

2. Calculez les gains attendus des placements de liquidités (on fera abstraction de l'impôt).

Durée du placement (février et mars : 28 + 31, soit 59 jours)

Intérêts produits :

$$\frac{20\ 000 \times 1{,}60\ \% \times 59}{365} = 51{,}73 \approx 52\ k€$$

3. Modifiez en conséquence le budget de trésorerie si la société choisit les certificats de dépôt. Les intérêts seront arrondis au millier d'euros le plus proche.

Sommes en k€	*Janvier*	*Février*	*Mars*	*Avril*	*Mai*	*Juin*
Encaissements	200 000	180 000	170 000	160 000	185 000	195 000
– TCN	– 20 000	0	0	0	0	0
+ Intérêts perçus	0	0	52	0	0	0
+ Récupération du placement	0	0	20 000	0	0	0
– Décaissements	– 185 000	– 175 000	– 175 000	– 180 000	– 175 000	– 185 000
Trésorerie initiale	5 000	0	5 000	20 053	53	10 053
Écart mensuel	– 5 000	+ 5 000	+ 15 053	– 20 000	10 000	10 000
Trésorerie finale	**0**	**5 000**	**20 053**	**53**	**10 053**	**20 053**

4. Commentez.

20 000 k€ ont été placés de fin janvier à fin mars. Les intérêts perçus contribuent à conforter la trésorerie finale.

Préparer l'épreuve

6 Rentabilité et risque

Compétence attendue

Calculer la rentabilité espérée ou la valeur théorique sur une période d'un titre financier

1. Calculez les rentabilités mensuelles des deux titres.

Rentabilité d'une action :

- Action BZ

Mois	J	F	M	A	M	J	J	A	S	O	N	D
Rentabilité	[a] 10	[b] – 4,55	– 9,52	7,89	– 2,44	– 5	10,53	7,14	6,67	4,17	4	5,77

[a] = 10 %
[b] = – 4,55 %

- Action JD

Mois	J	F	M	A	M	J	J	A	S	O	N	D
Rentabilité	16,67	22,86	13,95	– 18,37	– 17,5	[a] 27,27	30	– 3,85	– 4	– 16,67	10	13,64

[a] = 27,27 %

2. Que mesure l'écart-type ?

L'écart-type mesure l'ampleur des fluctuations de la rentabilité (passée ou attendue) autour de la moyenne.

Quand il est élevé, le risque est grand ; on peut espérer une forte rentabilité mais on ne peut exclure un bas niveau.

3. Calculez la rentabilité mensuelle moyenne et l'écart-type de la rentabilité pour les deux actions. Commentez vos résultats.

- Rentabilité mensuelle moyenne
  - Action BZ

$$\frac{10 - 4{,}55 - 9{,}52 + 7{,}89 - 2{,}44 - 5 + 10{,}53 + 7{,}14 + 6{,}67 + 4{,}17 + 4 + 5{,}77}{12} = 2{,}89\ \%$$

  - Action JD

$$\frac{16{,}67 + 22{,}86 + 13{,}95 - 18{,}37 - 17{,}5 + 27{,}27 + 30 - 3{,}85 - 4 - 16{,}67 + 10 + 13{,}64}{12} = 6{,}17\ \%$$

- Écart type de la rentabilité mensuelle R
  - Action BZ

$$\text{VAR}\,(R) = \frac{10^2+(-4{,}55)^2+(-9{,}52)^2+7{,}89^2+(-2{,}44)^2+(-5)^2+10{,}53^2+7{,}14^2+6{,}67^2+4{,}17^2+4^2+5{,}77^2}{12}$$

$$-\ 2{,}89^2 = 39{,}79$$

$$\sigma = \sqrt{39{,}79} = 6{,}31\ \%$$

  - Action JD

$$\text{VAR}\,(R) = \frac{16{,}67^2 + 22{,}86^2 + 13{,}95^2 + (-18{,}37)^2 + (-17{,}5)^2 + 27{,}27^2 + 30^2 + (-3{,}85)^2 + (-4)^2 + (-16{,}67)^2 + 10^2 + 13{,}64^2}{12} - 6{,}17^2$$

$$= 285{,}07$$

$$\sigma = \sqrt{285{,}07} = 16{,}88\ \%$$

- Commentaire

La rentabilité mensuelle moyenne, calculée pour l'année N, est plus élevée pour l'action JD. L'écart-type de la deuxième action est nettement plus élevé, ce qui traduit un niveau de risque plus important. La volatilité importante des cours et de la rentabilité de cette action illustre ce risque. Il est donc logique que la rentabilité attachée à cette action soit plus élevée.

7 Achat d'obligations

> **Compétence attendue**
> **Calculer** la rentabilité espérée ou la valeur théorique sur une période d'un titre financier

1. Expliquez la différence de taux nominal.

Les deux obligations ont été émises en N–9 et N–2. Les taux ont été fixés en fonction du niveau des taux exigés pour ce type de titres à l'époque de l'émission. Les taux d'intérêt ayant nettement baissé ces dernières années, l'obligation Air France – KLM, émise plus récemment, a dû proposer un taux plus bas.

2. Justifiez les cours atteints par les deux obligations.

Depuis la date d'émission des obligations du Crédit agricole, les taux d'intérêt ont baissé sur le marché obligataire. On sait que le cours des obligations augmente quand les taux diminuent ; or, le cours de cette obligation a connu une augmentation marquée.

L'obligation Air France n'a pas pu bénéficier de cette baisse des taux et sa valeur est restée proche du nominal.

3. Sachant que le taux de rendement exigé sur le marché à la date de la cotation est de 4,2 % et qu'il reste 3 ans avant le remboursement, calculez la valeur théorique de chacun des deux titres. Commentez.

- Obligation Air France – KLM

Montant du coupon d'intérêts annuel (pour 100 €) : 3,88 €

S'il reste 3 ans avant le remboursement et si le remboursement est au pair, on a :

$$P = 3{,}88 \times \frac{1-1{,}042^{-3}}{0{,}042} + 100 \times (1{,}042)^{-3} = 99{,}12\ €$$

- Obligation Crédit agricole

Montant du coupon d'intérêts annuel (pour 100 €) : 6,25 €

S'il reste 3 ans avant le remboursement et si le remboursement est au pair, on a :

$$P = 6{,}25 \times \frac{1-1{,}042^{-3}}{0{,}042} + 100 \times (1{,}042)^{-3} = 105{,}67\ €$$

- Commentaire

La deuxième obligation apporte des coupons plus élevés et il est logique de la payer plus cher. Dans les deux cas, en cas 'achat à ce prix, le rendement obtenu sera de 4,20 %.

8 Portefeuille de titres

> **Compétence attendue**
> **Déterminer** différents placements sur les marchés financiers

1. Calculez le PER et le rendement des deux actions pour N et N+1.

	PER N	PER N+1	Rendement N	Rendement N+1
Actions BOG	29,85/1,73 = 17,25	29,85/1,78 = 16,77	1,60/29,85 = 5,36 %	1,60/29,85 = 5,36 %
Actions VIX	43,56/3,48 = 12,52	43,56/3,67 = 11,87	2,21/43,56 = 5,07 %	1,83/43,56 = 4,20 %

2. Définissez ce qu'est une OAT et précisez son intérêt. Vérifiez le coupon couru relatif à l'OAT.

- Définition

Les OAT sont des obligations émises par l'État pour se financer, sur des durées de 5 à 50 ans. Certains emprunts de l'État sont émis par tranches successives avec des conditions identiques (mêmes taux et durée ; la valeur nominale servant d'ajustement si les taux du marché ont bougé). Dans ce cas, les obligations sont assimilées, c'est-à-dire considérées ensemble pour la cotation.

- Intérêt

Les OAT présentent l'avantage d'une grande liquidité ; étant donné leur volume considérable, elles sont l'objet de négociations permanentes.

Leur risque est considéré comme nul ; en contrepartie, la rémunération proposée reste faible.

- Vérification du coupon couru

Le coupon est versé tous les ans le 25/10. Il faut trouver le nombre de jours entre le 26/10/N et le 23/11/N. On a : 6 + 23 = 29 jours

Coupon annuel : 100 × 3,75 % = 3,75 €

Coupon couru : 3,75 × 29/365 = 0,298 €

3. Justifiez le niveau du cours des deux obligations.

On sait que les obligations sont cotées en pourcentage du nominal, hors coupon couru. La cote est de 100 % juste après l'émission de l'emprunt. On constate donc que le cours des obligations a nettement augmenté depuis leur émission. Cela s'explique exclusivement par la baisse importante des taux d'intérêt sur les marchés financiers depuis leur émission.

4. Définissez le risque spécifique et le risque de marché. Citez des facteurs ayant un impact sur ces risques.

- Risque de marché (ou systématique)
  - Fluctuations de cours subies par l'ensemble du marché.
  - Facteurs : variation des taux d'intérêt, conjoncture économique, risques de conflit, incertitudes relatives à l'avenir économique ou fiscal, etc.
- Risque spécifique
  - Fluctuations de cours dues à des causes propres à la société cotée.
  - Facteurs : mauvais choix de stratégie, catastrophe industrielle, avance technologique, etc.

5. Portez un jugement sur le portefeuille de M. Tenac.

On observe que le portefeuille est essentiellement composé d'actions qui, par définition, présentent un certain niveau de risque. De plus, ces actions appartiennent à deux secteurs d'activité seulement ; le risque est donc plus élevé que s'il y avait diversification.

Une grande partie de ce portefeuille est donc soumise à la fois au risque de marché et au risque spécifique.

❶ Breizatao

PRÉVISIONS DE TRESORERIE

1. *Établissez le tableau des encaissements, le tableau de la TVA et le tableau des décaissements.*

- Tableau des encaissements

Les clients règlent à la fin du mois suivant.

Il n'y a pas de TVA collectée sur les exportations

Sommes en k€	Janvier	Février	Mars
Ventes décembre N–1	15 500	0	0
Ventes TTC	0	16 880	16 880
Ventes à l'étranger	1 000	1 000	1 200
Total	**16 500**	**17 880**	**18 080**

- Tableau de la TVA
  - Janvier

TVA déductible : 5 000 × 90 % × 5,5 % + (5 000 × 10 % + 2 000 + 500) × 20 % = 847,5 k€

TVA à décaisser : 15 000 × 5,5 % – 847,5 = – 22,5 k€ (à imputer sur le mois de février)

  - Février

TVA déductible : 5 200 × 90 % × 5,5 % + (5 200 × 10 % + 2 200) × 20 % = 801,4 k€

TVA à décaisser : 880 – 801,4 – 22,5 = 56,1 k€ (à régler en mars)

Sommes en k€	Janvier	Février	Mars
TVA fin N–1	900		
TVA de janvier		–	
TVA de février			
Total	900	–	56,1

- Tableau des décaissements
  - Achats TTC de janvier : 5 000 + 5 000 × 0,9 × 0,055 + 5 000 × 0,1 × 0,20 = 5 347,5 k€
  - Achats TTC de février : 5 200 + 5 200 × 0,9 × 0,055 + 5 200 × 0,1 × 0,20 = 5 561,4 k€

Les achats sont réglés le mois suivant.

Sommes en k€	Janvier	Février	Mars
Achats TTC	5 800	5 347,5	5 561,4
Charges d'exploitation TTC	2 400	2 640	2 640
Autres charges d'exploitation	6 000	6 000	6 000
TVA à décaisser	900	0	56,1
Investissements TTC	600	0	6 000
Total	**15 700**	**13 987,5**	**20 257,5**

2. *Présentez le budget de trésorerie du premier trimestre N.*

Sommes en k€	Janvier	Février	Mars
Encaissements Décaissements	16 500 15 700	17 880 13 987,5	18 080 20 257,5
Trésorerie initiale Variation de trésorerie Trésorerie finale	300 + 800 **1 100**	1 100 3 892,5 **4 992,5**	4 992,5 – 2 177,5 **2 815,5**

ÉQUILIBAGE DU BUDGET DE TRESORERIE

1. *Quel montant minimum doit-elle remettre à l'escompte ?*

Durée de l'escompte : 31 jours (mai) + 1 (jour de banque) = 32 jours

Soit X le montant à escompter : $18\,000 = X - \dfrac{X \times 0{,}062 \times 32}{360} - 10 \times 5$

D'où $X = 18\,104{,}77$ k€

2. *Trouvez le financement le moins coûteux.*

- Escompte

18 104,77 – 18 000 = 104,77 k€ *ou* 18 104,77 × 0,062 × 32/360 + 50 = 104,77 k€

- Découvert

Durée (nombre exact de découvert) : 27 jours

Coût : $\dfrac{18\,000 \times 0{,}0055 \times 27}{360} + 18\,000 \times 0{,}05\ \% = 74{,}25 + 9 = 83{,}25$ k€

- Commentaire

Le découvert est moins cher malgré u taux plus élevé au départ. En effet, l'escompte est calculé sur un montant plus élevé (intérêts précomptés) et sur une durée plus longue (la durée dépend de la date d'échéance des effets et des jours éventuels de banque).

3. *Calculez le taux de revient du découvert, en cas de recours à ce seul financement.*

Soit t le taux recherché. On a : $\dfrac{18\,000 \times t \times 27}{360} = 83{,}25$, d'où $t = 6{,}16\ \%$

La différence (0,66 %) par rapport au taux de 5,5 % est due à la CPFD.

4. *Indiquez quels types de financements pourraient être utilisés par une très grosse société dans la même situation. Précisez leur intérêt.*

Les très grandes sociétés peuvent avoir accès à des financements différents :

- crédit spot obtenu auprès d'une banque pour le montant et la durée correspondant exactement aux besoins de l'entreprise ;
- titre de créance négociable à court terme émis sur le marché monétaire.

Interêts

Ces financements bénéficient de taux d'intérêt bas, proches du taux directeur de la Banque centrale.

Placements sur les marchés financiers

1. *Sur quel marché sont cotées ces actions ?*

Il s'agit de très grandes sociétés ; elles sont cotées en Bourse sur le principal marché d'actions, l'Eurolist (géré par Euronext Paris) et plus précisément sur le compartiment A de l'Eurolist (qui rassemble les sociétés dont la valeur boursière est supérieure à 1 milliard d'euros).

2. *Vérifiez le PER et le rendement des actions. Précisez l'intérêt du PER.*

- PER (= Cours / Bénéfice net par action)
  - Total : 50,30 / 4,27 = 11,8
  - Pernod Ricard : 154,70 / 6,29 = 24,6
- Intérêt : le PER est très variable selon les secteurs d'activité (il peut aller de 5 à 30 et plus). Il permet de comparer des sociétés appartenant au même secteur d'activité. Si le PER est bas, on peut en déduire que l'action est sous-cotée et que son achat est intéressant.
- Rendement (= Dividende / Cours)
  - Total : 2,56 / 50,30 = 5,1 %
  - Pernod Ricard : 2,80 / 154,70 = 1,8 %

3. *Rappelez le principe de la cotation des obligations.*

Les obligations sont cotées en pourcentage de la valeur nominale et sans le coupon couru (au pied du coupon), ce qui permet de comparer des obligations dont la valeur nominale et les dates de versement du coupon sont différentes.

4. *Calculez, au 31/12/N–1, le coupon couru de l'obligation (on tiendra compte des 3 jours ouvrés rajoutés) et le prix d'achat de l'obligation.*

- Coupon couru

Durée entre le paiement du dernier coupon (le 26/09/N–1) et le (31/12/N–1) : 4 + 31 + 30 + 31 + 3 = 99 jours

Coupon couru = 3,25 % × 99 / 365 = 0,882 %

- Prix d'achat de l'obligation

$$200 \times \frac{104{,}92 + 0{,}882}{100} = 211{,}60\ €$$

5. *Ces titres sont-ils exposés au même risque ?*

Les actions sont considérées comme un actif risqué dont les flux futurs (et donc la rentabilité) sont incertains. Les obligations sont considérées comme sans risque (le remboursement est certain et les revenus attendus sont connus).

6. *Comment mesure-t-on le risque global d'une action et quels en sont les composantes ?*

Le risque global est mesuré par l'écart-type de la rentabilité de l'action calculée sur un certain nombre de périodes (ex. : mois ou années).

Le risque global se décompose en deux éléments :

- le risque systématique (ou de marché) qui s'explique par les fluctuations du marché dues à des causes générales (conjoncture économique, variations des taux d'intérêt, risques de conflit, etc.) ;
- le risque spécifique qui correspond à la part des variations de la rentabilité qui sont dues à des causes propres à la société (mauvais choix stratégiques, avance technologique, attrait spéculatif, etc.).

7. *Qu'est-ce qu'une SICAV ? Quel en est l'intérêt pour un placement à court terme ?*

Les SICAV sont des sociétés de placement collectif (OPCVM). Au lieu de gérer directement un portefeuille, on peut acheter des parts de SICAV. Il y a des frais de gestion et on peut avoir à régler des droits d'entrée.

Il existe plusieurs types de SICAV : monétaires (sans risque mais faiblement rémunérées), d'actions, d'obligations, diversifiées, etc.

La valeur de la part est calculée quotidiennement.

Table des matières

PARTIE 1 Le diagnostic financier des comptes sociaux

Chapitre 1 **L'analyse de l'activité** 1

ÉVALUER LES SAVOIRS 1

1. Quiz 1
2. Crédit-bail & Co 1

MAÎTRISER LES COMPÉTENCES 2

3. Mini-cas Javax : SIG 2
4. Mini-cas Javax : SIG retraités 3
5. Mini-cas Javax : capacité d'autofinancement 4

PRÉPARER L'ÉPREUVE 6

6. Cas pratique : Société Sigcaf 6
7. Cas pratique : Société Bab 8
8. Cas pratique : Société BBX 10

Chapitre 2 **L'analyse fonctionnelle du bilan** 12

ÉVALUER LES SAVOIRS 12

1. Quiz 12
2. Crédit-bail & Co *bis* 12

MAÎTRISER LES COMPÉTENCES 13

3. Mini-cas Levim : bilan fonctionnel 13
4. Mini-cas Levim : retraitements 13
5. Mini-cas Levim : FRNG, BFR et trésorerie 14

PRÉPARER L'ÉPREUVE 15

6. Cas pratique : Société Ara 15
7. Cas pratique : Société Tanguy 17
8. Cas pratique : Société Ecoly 18

Chapitre 3 **L'analyse par les ratios** 20

ÉVALUER LES SAVOIRS 20

1. Quiz 20
2. To & Co 20

MAÎTRISER LES COMPÉTENCES 21

3. Mini-cas Quo : activité et profitabilité 21
4. Mini-cas Quo : équilibre financier et endettement 22
5. Mini-cas Quo : rotation et investissement 24

PRÉPARER L'ÉPREUVE 25

6. Cas pratique : Société Prolac 25
7. Cas pratique : Société Grac 26
8. Cas pratique : Société A 28

Chapitre 4 **L'analyse de la rentabilité** 32
ÉVALUER LES SAVOIRS 32
1. Quiz 32
2. Choix entre deux entreprises 32
MAÎTRISER LES COMPÉTENCES 33
3. Mini-cas : Taux de rentabilité 33
4. Mini-cas : Effet de levier 33
5. Mini-cas : Seuils de rentabilité et levier d'exploitation 34
PRÉPARER L'ÉPREUVE 34
6. Cas pratique : Société Rentaz 34
7. Cas pratique : Société Sawa 36
8. Cas pratique : Société Level 37

Chapitre 5 **Le tableau de financement** 40
ÉVALUER LES SAVOIRS 40
1. Quiz 40
2. Calculs préparatoires 40
MAÎTRISER LES COMPÉTENCES 41
3. Mini-cas : Léger 41
4. Mini-cas : SARL BF, première partie 42
5. Mini-cas : SARL BF, deuxième partie 42
PRÉPARER L'ÉPREUVE 44
6. Cas pratique : Partty 44
7. Cas pratique : BX 46
8. Cas pratique : Bankiz 48

Chapitre 6 **Les tableaux de flux de trésorerie** 52
ÉVALUER LES SAVOIRS 52
1. Quiz 52
2. Fractionnement du BFR 52
3. Fractionnement de Δ BFR 53
MAÎTRISER LES COMPÉTENCES 54
4. Mini-cas : Caf-Ete, excédent de trésorerie d'exploitation 54
5. Mini-cas : Caf-Ete, flux net de trésorerie lié à l'activité 55
6. Mini-cas : Caf-Eté, flux nets de trésorerie 55
7. Mini-cas : Fuxté 56
PRÉPARER L'ÉPREUVE 60
8. Cas pratique : Palas 60
9. Cas pratique : Gracie 62
10. Cas pratique : Electra 64

▶ Partie 1 : cas de synthèse

PARTIE 2 La politique d'investissement

Chapitre 7 **La valeur et le temps** 76
ÉVALUER LES SAVOIRS 76
1. Quiz 76
2. Valeur acquise 76
3. Valeur actuelle 76
MAÎTRISER LES COMPÉTENCES 77
4. Bulle financière : la crise des *subprimes* 77
5. Mini-cas : Suite de versements constants, investissement 77
6. Mini-cas : Suite de versements constants, emprunt 77
7. Mini-cas : Suite de versements non constants 78
PRÉPARER L'ÉPREUVE 78
8. Cas pratique : Choix entre deux placements 78
9. Cas pratique : Investissement boursier 79

Chapitre 8 **La gestion du besoin en fonds de roulement d'exploitation** 80
ÉVALUER LES SAVOIRS 80
1. Quiz 80
2. Société Strak 80
MAÎTRISER LES COMPÉTENCES 81
3. Mini-cas : Eddy 81
4. Mini-cas : Temps d'écoulement 82
5. Mini-cas : Société industrielle de Bretagne 82
PRÉPARER L'ÉPREUVE 84
6. Cas pratique : Kamy 84
7. Cas pratique : SISO 84
8. Cas pratique : Zirca 86

Chapitre 9 **Les projets d'investissement** 88
ÉVALUER LES SAVOIRS 88
1. Quiz 88
2. Capital investi 88
3. Variation du BFRE 88
MAÎTRISER LES COMPÉTENCES 89
4. Flux de trésorerie nets générés par un projet 89
5. Développement de l'activité 90
PRÉPARER L'ÉPREUVE 91
6. Flux et EBE 91
7. Projet d'investissement 93
8. Comparaison de deux projets 94

▶ **Partie 2 : cas de synthèse**

PARTIE 3 La politique de financement

Chapitre 10 **Les modes de financement : fonds propres** 100
ÉVALUER LES SAVOIRS 100
1. QCM 100
2. Iceland Treck 100
MAÎTRISER LES COMPÉTENCES 101
3. Société Carmen 101
4. Artic SA 101
5. Société Géo'Therm 102
PRÉPARER L'ÉPREUVE 103
6. SA Blonduos 103

Chapitre 11 **Les modes de financement : endettement et crédit-bail** 105
ÉVALUER LES SAVOIRS 105
1. QCM 105
2. BioDistri 105
MAÎTRISER LES COMPÉTENCES 106
3. SPACE&AÉRO 106
4. SoftDay 107
5. PPR 107
6. INDUS 108
7. NBM44 109
PRÉPARER L'ÉPREUVE 111
8. Aludis 111
9. Artéa 113

Chapitre 12 **Les marchés financiers** 117
ÉVALUER LES SAVOIRS 117
1. Quiz 117
2. Calcul du coupon couru d'une obligation 117
3. Lecture de la cote d'obligations 117
MAÎTRISER LES COMPÉTENCES 118
4. Notation financière 118
5. Portefeuille de titres 118
6. Lecture de la cote d'une action 119
7. Obligations OAT 119
PRÉPARER L'ÉPREUVE 120
8. PER et rendement 120
9. Obligation EDF 121

Chapitre 13 **Les contraintes de financement** 123
ÉVALUER LES SAVOIRS 123
1. QCM 123
2. SARL PLAYA 123

MAÎTRISER LES COMPÉTENCES 124
3. Cas YANN SURF 124
4. Cas Longboard'Adventure 125
5. Cas Drones 66 126
PRÉPARER L'ÉPREUVE 129
6. Cas BÉMOL&CO 129

Chapitre 14 **La structure de financement** 133
ÉVALUER LES SAVOIRS 133
1. QCM 133
2. Cas SpaceAéro 133
MAÎTRISER LES COMPÉTENCES 133
3. Cas AEROFLOT 133
PRÉPARER L'ÉPREUVE 134
4. Cas STARSAT 134

Chapitre 15 **Le plan de financement** 137
ÉVALUER LES SAVOIRS 137
1. QCM 137
2. Surf'Paradise 137
MAÎTRISER LES COMPÉTENCES 137
3. VRAM 137
4. ICENORTH 139
5. ADVENTUR'POL 140
6. Silone 142
PRÉPARER L'ÉPREUVE 143
7. HUGO'SMUSIK 143
8. SA Techlux 145

Partie 3 : cas de synthèse

PARTIE 4 La trésorerie

Chapitre 16 **La gestion de trésorerie** 160
ÉVALUER LES SAVOIRS 160
1. Quiz 160
2. Conditions de règlement 160
3. Trésorerie de printemps 160
MAÎTRISER LES COMPÉTENCES 161
4. Tableau de TVA 161
5. Bagel 161
PRÉPARER L'ÉPREUVE 163
6. Société LOBAR 163
7. Société MAGNAC 164

Chapitre 17 **Les financements à court terme** 167
ÉVALUER LES SAVOIRS 167
1. Quiz 167
2. Coût d'un découvert 167
3. Effets à escompter 168
4. Coût d'escompte 168
MAÎTRISER LES COMPÉTENCES 168
5. Socodex 168
6. Cashmere 169
7. Crédit spot 170
PRÉPARER L'ÉPREUVE 170
8. Cas Tiépolo 170
9. Cas Breiz 171

Chapitre 18 **Le placement des excédents de trésorerie sur les marchés financiers** 173
ÉVALUER LES SAVOIRS 173
1. Quiz 173
2. Rentabilité d'une action 173
MAÎTRISER LES COMPÉTENCES 174
3. Placement en actions 174
4. Diversification 175
5. Placements et budget de trésorerie 175
PRÉPARER L'ÉPREUVE 176
6. Rentabilité et risque 176
7. Achat d'obligations 178
8. Portefeuille de titres 178

▶ **Partie 4 : cas de synthèse**

B.U.O.
DROIT

79387 – (I) – OSB 80° – NOC – GCO
Dépôt légal : septembre 2019
JOUVE
1, rue du Docteur Sauvé, 53100 Mayenne
N° 2921516L
Achevé d'imprimer en France